흘레발, Bread, 팡, 빵 이야기

궁금했던 한반도
빵 이야기

흘레밭, Bread, 팡, 빵 이야기

궁금했던
한반도
빵 이야기

인천투데이

일러두기

1. 언어의 한계 극복과 시각 자료 등을 위해 AI를 활용했다.
2. 신문자료는 독자의 편의를 위해 한눈에 들어오도록 디지털 편집돼 원문 이미지와 다른 경우가 많다.
3. 신문 기사를 설명할 때 현재의 표기법과 차이가 있어도 자료 이미지의 원문 이해를 위해 되도록 과거의 표현법을 사용했다.

이
창
호

지음

들어가며 한반도 빵의 역사를 찾아서   008

1. 200년 전, 서구 식문화 '빵'의 한반도 전래   015
2. 한반도 최초의 상업적 제빵소   026
3. 한반도 빵의 대중화   031
4. 서양 빵의 발달사와 한반도의 빵   037
5. 일본 제빵 산업의 발달 과정   043
6. 거친 통밀빵에서 부드러운 하얀 빵으로   050
7. 대도시별 제과소의 발달과 특징   058
    1) 백화점 등, 현대화 바람이 먼저 분 '경성'   058
    2) 일본인 비율이 매우 높았던 '부산'   066
    3) 북선北鮮 지역의 중심도시 '평양'   072
    4) 경북 지역 신문물과 제과 산업의 중심지 '대구'   075
    5) 일본인이 많이 살던 항구도시 '군산'   082
    6) 월미도 관광단지가 만들어진 '인천'   088
    7) 사과양갱으로 유명했던 '함흥'   097
    8) 남북 단절 이전 해상무역의 중심지 '해주'   100
    9) 기차역을 중심으로 제과소가 발달한 '대전'   102

8. 100년 전의 빵들　　　　　　　　　　　　　　107
　　1) 고급 개떡보다 맛과 식감 좋은 '카스텔라'　　　107
　　2) 호밀 아닌 밀가루에 설탕 첨가한 '러시아빵'　　112
　　3) 일제의 전시체제 구축 목적의 일반인용 '건빵'　　114
　　4) 크기가 작아 비싸게 여긴 '현미빵'　　　　　118
　　5) 호떡에 필적한 국민간식 '호빵'의 역사　　　119
　　6) 절미운동 일환으로 잡곡 이용한 '애국빵'　　128
　　7) 철도국 운영 호텔과 열차 식당서 판매한 '철도빵'　　133
　　8) 잡곡 섞고 호박·과일 등 얹어 만든 '찐빵'　　134
　　9) 술지게미로 발효시켜 쪄서 만든 '술빵'　　　136

9. 굶주린 배를 채웠던 여타 음식들　　　　　　　144

10. 빵 굽는 화덕　　　　　　　　　　　　　　154

11. 빵 판매처의 패러다임을 바꾼 명치제과 매점　　158

12. 카페 현황과 특성별 분류　　　　　　　　　166

13. '모던'과 '퇴폐'의 카페　　　　　　　　　　177

14. 빵 관련 산업의 성장　　　　　　　　　　　184
　　1) 제분산업　　　　　　　　　　　　　　184
　　2) 제당산업　　　　　　　　　　　　　　192
　　3) 빵과 설탕, 합성 감미료　　　　　　　　200
　　4) 식품위생과 노점상　　　　　　　　　　207

참고문헌　　　　　　　　　　　　　　　　　222

들어가며

한반도 빵의
역사를 찾아서

한반도에 빵이 유입된 경로에 관심을 가진 계기는 꽤 오래 전인데, 2002년 초판 번역본 『빵의 역사』(하인리히 E. 야콥)를 읽으면서 식문화와 역사적 관계 등을 새롭게 돌아보게 됐다. 사람은 보통 자기가 생각하던 범주를 벗어나 '우물 안의 개구리'에서 깨어나는 순간을 맞이할 때 기쁨과 부끄러움을 동시에 느낀다. 필자가 문화적 깨우침의 순간을 맞이했던 두 권의 책이 떠오른다. 하나는 1990년대 초반 신촌 홍익문고에서 우연히 만난, 아프리카 시인들의 시로 구성된 시 모음집이다. 해외여행을 경험한 사람도 적었던 시절이라 필자에게 아프리카에 관한 정보는 드라마 〈타잔〉 시리즈와 다큐멘터리 〈동물의 왕국〉에서 얻은 게 대부분이었다. 아프리카 시인들의 시를 펼쳐 보니 아프리카 농토와 농부 그리고 자연에 대한 사랑과 꿈이 동양의 아시아인과 조그마한 차이도 없었다. 아프리카 농민의 삶을 자세히 기술한 산문도 아닌 짧은 몇 편의 시가 전한 충격은 강렬했고 여운이 오래 남았다.

다른 하나가 『빵의 역사』인데 쉽게 읽힌 책은 아니었고, 중간중간 책장을 덮고 생각에 잠기며 곱씹는 시간을 갖게 했다. 예를 들어 프랑스혁명과 빵을 다룬 대목에서는 "밥은 하늘이다"라는 간결한 외침과 하늘을 우러러보며 간절한 기도로 농사짓던 천수답天水畓 농부의 한이 서린 동학혁명이 겹쳤다. 밀과 쌀 중 어느 쪽을 주식으로 삼았느냐에 따라 생겨난 문화적 차이 외에는 먹고사는 근본적 문제에서 동서양 인간 삶에 차이가 없었고 사실 그게 당연했다. 밀과 빵에 관한 방대한 연구에 더하여 역사적 변곡점마다 나타난 당시 사람들의 삶과 빵에 얽힌 이야기를 풀어내는 하인리히 E. 야콥의 통찰에 감탄했고 아울러 한국 빵의 역사도 궁금했다. 그 이후 서점과 도서관을 다니며 빵과 관련된 여러 책을 읽었으나 호기심을 채워주는 책을 만나지 못해 아쉬웠다.

그로부터 십여 년이 지나 인천의 어려운 가정 어린이들에게

빵을 무상 공급하는 '꿈베이커리'의 이사가 되면서 빵은 다시 관심사로 떠올랐다. 개항의 관문이던 인천항 월미도에 자리한 꿈베이커리의 특성으로 개화기 빵의 유입 관문 역할을 했던 인천항 주변 흔적과 기록 찾기가 일의 발단이다.

십여 년 전에는 필요한 자료를 국회도서관이나 국립중앙도서관을 방문해야만 얻을 수 있는 경우가 많았지만, 요즘은 지역 도서관과 디지털자료 연계시스템 활용도가 커졌다. 빵 식문화와 관련해서는 필자의 전문 영역이 아니라서 막연하게 시작했는데, 디지털 자료화가 빠르게 진행된 국립중앙도서관이나 국사편찬위원회 한국사 데이터베이스 등의 덕택에 힘입은 바가 크다.

지금까지 국내의 제빵 산업 등과 관련한 식문화는 서구의 역사 등을 소개하면서 끼워넣기식 언급 외에는 체계적인 정리가 이뤄지지 않아 역사적 맥락을 짚어가는 추론의 시간과 주변의 의견을 구하는 대화의 시간이 필요했다. 특히 스스로 확신이 부족한 상태에서 서술하는 부담감에 중복 확인의 필요성이 강하게 요구됐다. 당시의 신문 기사나 잡지에 기록된 내용일지라도 오보일 가능성과 행정적 집행 변경 여부를 확인하는 과정이 필수적이었다. 중복 확인이 불가능하지만 어렵게 찾은 유일한

자료는 오히려 자랑스럽고 뿌듯하기도 했다. 내용 중에 한자나 일본어 등은 물론 한글 표현이지만 표준어가 정립되기 전의 낯선 표현이 많다. 첨부한 사진 자료는 중요한 자료로 판단했으나 읽기 어려운 분은 본문만 읽어도 된다. 제빵 관련 학생이나 연구자를 위해 자료 선별에 신경 썼음을 밝혀둔다.

  책이 나오는 과정에 의견을 보내주고 조언을 아끼지 않은 소중한 분이 많다. 굳이 이름 밝히기를 싫어하는 분이 대다수라서 심심한 감사 인사로 고마움을 대신한다. 다만 옛 신문이나 잡지의 인쇄 상태가 조악하여 알아보기 어려운 내용이 많았는데 뛰어난 디지털 기술을 활용해 독자가 읽기 쉽게 배열·조합하고 먼지를 털 듯 깨끗한 상태로 만들어서 명도와 채도 등을 조절해 마법사처럼 새롭게 만든 박진만 디자이너에게는 꼭 감사의 인사를 전하고 싶다.

2025년 봄
글쓴이 이창호

건강한 빵이 부풀고, 아이들의 꿈이 부푸는 세상

1.
200년 전,
서구 식문화 '빵'의 한반도 전래

    200년 전의 한반도는 조선의 왕이 다스리는 봉건시대였다. 서양의 식문화인 빵을 접할 수 있는 사람들은 청나라 사신단, 일본 통신사절단, 러시아 접경지 주민으로 제한됐다. 서구와의 교역이나 왕래가 이뤄졌던 중국이나 일본을 외교나 무역 허가를 받고 오가던 사람들 외에는 두만강을 건너 밀무역을 하던 접경지 주민이나 살길을 찾아 연해주로 이주했던 조선인들 정도가 빵과 접촉할 수 있었다. 특별한 신분 때문에 외교나 무역으로 해외 문물을 접했던 경우를 제외하면, 왕조시대인 조선에서 대규모 평민이 서구 식문화인 빵을 접한 시기는 1800년대 중후반이다.

    러시아 연해주 지역에 조선 사람들의 이주가 시작된 시기는 1850년대로 짐작된다. 이때 농사철에 오가는 수준에서 온전한 이주로 변화했다. 따라서 조선의 북방문화와 러시아 문화의 교류는 훨씬 이른 시기부터 이뤄졌다고 할 수 있다. 김옐레나의 논문 「1864~1937년간 연해주 한인의 인구 변동과 경제활동」[1]을 보면, 1864년부터 연해주 이주 조선인

---

[1] 학위논문 고려대학교 대학원 2011.8 TM 330-11-236 학위논문(석사)

을 조사한 러시아 국립역사기록보관소의 기록이 남아있다. 조선 북방의 주민은 흉년 등 여러 이유로 국경을 넘어 만주와 러시아 등지로 갔고, 1882년에 이르면 연해주 조선인 이주민이 1만 명을 넘어섰는데, 이는 러시아 공식 문서로 확인된다. 조선의 생활 문화가 몸에 익은 연해주 정착민은 본국인 조선의 접경지역과 교역하는 게 필요했다. 연해주 이주민의 무역 이전부터 조선의 북방지역은 청나라·러시아 등과의 밀무역이 존재했다. 기존의 밀무역 외에도 연해주 이주민 증가에 따라 교역량이 증가했고 친인척의 방문 또한 자연스럽게 늘어났다. 조선의 두만강 유역 주민은 러시아 문물 등이 익숙했지만, 북방지역을 제외하면 조선 전역이 러시아나 청나라 문물에 익숙하기는 어려웠다. 서구에서 산업혁명으로 무역 증가에 따른 교통망이 증가했을 때도 조선 후기에 들어선 한반도에서 철도는 남의 나라 일이었다. 교통이 원활하지 못한 탓으로 북방 접경지 문화가 조선 전반으로 알려지는 일은 20세기 초 철도가 놓인 이후에 가능했다. 연해주 이주민은 러시아 식문화인 빵에 익숙했고 접경지인 함경도 주민 역시 자연스레 빵을 접했으리라 예상되지만, 이처럼 교통의 한계는 있었다.

1800년대 중반부터 연해주에 정착한 조선인의 식문화에 빵이 있었다는 공식적인 기록이 있다. 1894~1897년 네 차례의 여행 후에 『한국과 그 이웃나라들』이라는 책을 낸 지리학자 버드 비숍의 기록은 매우 세밀하다. 그녀의 여정은 한반도와 인접국을 넘나드는 넓은 지역에 이른다. 1894년 2월 부산에서 여정을 시작해 청일전쟁이 임박해 일본군이 분주히 움직이던 제물포를 거쳐 만주와 블라디보스토크에 이르는 광범위한 여정을 기록했는데 연해주 조선인 마을도 빼놓지 않았으며, 그 과정에 빵이 등장한다. 그녀는 조선인 길잡이를 앞세우고 블라디보스토크에서부터 한인 마을을 돌아보기 시작해 두만강을 건너 조선으로 가기 전 러시아 국경초소에 도착해 러시아 국경수비대의 상사를 만났는데, 그 만남을 기록했다.

> 우리는 그 막사의 식량으로 저녁 식사를 했다. 검은 빵, 보리로 만든 오트밀 죽, 그리고 약간의 설탕을 곁들인 차, 검은 빵으로 만들어진 약간 발효된 빵, 건포도, 설탕, 쉬넵주, 그리고 40도짜리 보드카.

여기에서 말하는 '검은 빵'은 호밀로 만든 갈색의 딱딱한 흑빵을 뜻한다. 흑빵은 러시아나 독일 등의 전통 빵으로 거칠고 딱딱해 대게 따뜻한 차나 수프에 곁들여 먹는다. 버드 비숍의 기록은 국경수비대 막사에서의 일이라서 연해주 조선인의 삶은 아니라는 지적 또한 가능하다. 그런데 1927년 6월 19일 부산을 기점으로 조선인 부부로는 처음으로 세계를 일주했던 나혜석의 여행 기록은 이를 보완한다. 나혜석은 같은 해 7월 러시아 영토인 하얼빈에 도착해 여러 날을 지내면서 조선인 회장 집에서 식사하고 함께 송화강 등을 관광했던 경험을 글로 남겼다.

> 하얼빈 일반가정은 9시쯤 일어나 빵 한 조각과 차 한잔으로 조반을 먹고, 12시부터 2시 사이에 대개는 소고기로 점심을 먹는다.

　연해주 지역 조선인들이 나혜석의 기록대로 점심에 늘 소고기를 먹었다고 생각되지 않으나, 당시 일본의 식민 지배를 받는 한반도 주민의 삶보다는 나았을 것이다. 그러나 연해주 조선인들의 삶도 점점 여러 가지 어려움을 겪는다. 조선인의 정체성을 유지하려는 삶을 못마땅하게 여긴 러시아의 입장은 이후 '고려인의 비극'으로 이어지기 때문이다. 연해주와 인접한 함경도 지역에서 러시아 빵이 유행하는 일은 당연했으나 그 빵을 지칭하는 북방 사투리 명칭은 우리에게 낯설다. 북방지역에서 부르던 러시아 빵의 명칭은 1940년 『삼천리』에 실린 '關北(관북), 滿洲(만주) 出身(출신) 作家(작가)의 『鄕土文化(향토문화)』를 말하는 座談會(좌담회) 기록'에서 확인할 수 있다.

> 어머니가 돌아오시는 날엔 새벽부터 누나랑 소술기를 타고 배 닿는 淸津으로 가던 일이라 던지, 오실 때마다 으레히 갖다주시던 흘레발(로시아 빵)을 그때 아래웃집에 살든 申東哲(詩 쓰는) 군과 나눠 먹으면서 좋다고 뛰어 단이던 일이라던지 모두 그리웁습니다.
> － 1940년 삼천리 關北, 滿洲 出身 作家의 『鄕土文化』를 말하는 座談會

시인 이용악이 어렸을 때 먹던 '흘레발'(러시아 빵)이 함경도에서 부르는 고유어라는 사실을 글로 남겼는데, 1920년대 평양이나 원산 등지에서 불린 명칭은 모두 '러시아빵'으로 기록됐다. 러시아 흑빵(초르니 흘렙)은 검정색을 뜻하는 초르니와 빵을 의미하는 흘렙으로 이뤄진 단어이다. 함경도에서 사용됐던 흘레발은 러시아어 흘렙(빵)에서 유래했다.

1920년대에 들어서면 식민지 경성에서 러시아 빵이 유행하게 되는데, 1902년생 김동진이 하바롭스크에서 중학교를 졸업하고 극동대학을 다니다가 가족을 블라디보스토크에 남겨두고 1923년 경성에 와서 러시아 빵을 제조·판매했다는 기록이 있다. 한때나마 러시아 빵 인기가 대단했던지 1924년 9월 13일 〈시대일보〉 기사를 보면 경성에 거주하는 러시아 빵 행상 심씨 부부가 고양군에서 강도를 만나 돈을 빼앗겼는데, 범인을 체포했다는 내용이 나온다.

1920년대에 평양·원산·함경도 등지에서 거리마다 러시아 빵을 사라는 소리가 들렸다고 했으니 유행했던 사실은 분명하나 경성 아래 남부 지역은 기록이 없어 전국적인 현상은 아니었다고 여겨진다.

> 서울에 와 잇는 白系露人이 잇스나 그들은 처지가 처지이니 만치 어려운 살님을 하고 잇다. 소위 로시아빵이나 긔성양복 혹은 양복 가음을 억개에 둘처메고 돌아단이며 근근히 여명을 니어 간다.
> — 『별건곤』 1929년 '大京城의 特殊村'

위의 글에 나오는 백계 러시아인 촌은 1917년 러시아혁명이 일어나고 러시아 왕정을 지지하던 사람들의 정치적 망명으로 이뤄진 집단촌이다. 1934년 김기림은 '주을온천행'(〈조선일보〉1934.10.24.~11.2 연재)에서 러시아 왕정 편에서 싸우다가 조선으로 망명해 함경도에 정착한 제정러시아 장교 출신의 별장을 중심으로 나타난 망명 러시아인들의 문화를 언급했다. 러시아인 집단촌은 경성뿐 아니라 북선(北鮮, 북조선) 지역에 산재했던 상황을 보여준다. 러시아 망명객들이 조선에 정착해 러시아 음식을 판매하면서도 서양의 관광객을 대상으로 특화된 레스토랑과 숙박 시설을 운영한 모습은 생계를 유지할 수단이 필요한 상황에서 보면 매우 자연스럽다.

> 약주藥酒로는 시내에 윤가주尹家酒(안국동安國洞) 이가주李家酒(중학동中學洞) 기외其外 중앙주中央酒가 비교적 조코 떡도 근래에 호떡, 왜떡, 로서아빵 그 타他 과자菓子 등속等屬이 생긴 뒤로 전일前日보다 수용자需用者가 적어진 까닭에 떡집이 적어지고 떡의 종류도 줄어 간다.
> ― 『별건곤』 제23호 1929.9.27. '경성명물집京城名物集'

한반도에 빵의 대규모 전래는 일본 제과 산업을 통해 이뤄졌으나 북쪽 지역은 인접국 러시아의 영향 아래에 있었음을 보여준다.

참고 인물

연해주 이주 초창기 한인사회 지도자 최재형 선생(1858~1920)
최재형은 함경북도 경원에서 노비 최형백의 둘째 아들로 태어났다. 최재형 가족은 1860년대 후반 주인의 탄압과 기근을 피해 러시아 국경 넘어 연해주 지신허에 정착했다. 최재형은 생계가 어려운 집을 나와 떠돌다 열한 살 때 포시예트 항구에서 잠들었다가 러시아 선장 부부의 눈에 띄어 선원으로 생활한다. 그러면서 러시아 상트페테르부르크를 포함해 아시아, 아프리카까지를 돌며 외국어와 문물을 습득한 조선의 지식인으로 성장한다. 1877년엔 선원 생활을 접고 블라디보스토크에 정착한다.

이 책은 인물과 역사를 다루는 게 아니라 식문화의 하나인 빵의 대중화 과정을 탐구하는 게 목적이다. 빵의 대중화 과정에서 역사적 배경을 묶어 이해를 쉽게 하려 할 뿐이다. 1860년대 후반부터 러시아에 머물던 최재형과 같은 수많은 조선인에게 러시아의 거친 흑빵과 간단한 수프를 외면하고 쌀이나 보리로 밥을 지어 먹는 식문화가 가능했을까? 생각해 보면 답은 어렵지 않다.

연해주 외에 만주로 이주한 조선인도 많았다. 〈대한매일신보〉(1909.4.23. 셔간도 쇼식)는 30년 전부터 만주로 이주가 이뤄져 1909년에는 이만 호의 가구에 이르고, 조선인 수십만 명이 살고 있다는 소식을 전했다.

셔간도 쇼식(〈대한매일신보大韓每日申報〉 1909년 04월 23일) 원문

우연히 셔간도의 쇼식을 엇어 듯고 쳐량훈 붓을 잡어 그 대강 경황을 긔록ᄒ고 ᄯ 두 말을 붓치노라. 셔간도는 한국 셔북편으로 접경훈 압록강 북변 언덕에 잇는 쳥국 령디오 평안북도 강계 위원 벽동 초산 등디의 건너 언덕이라 그 폭원이 수천리오 쟝빅산믹이 느려와셔 도즁 ᄉ방으로 림탁ᄒ여 잇고 북편에는 ◇◇강이 흐르고 남편에는 압록강이 둘너 잇셔 산하의 텬연훈 형셰가 장려ᄒ고 산의 즁간과 강의 좌우에는 큰 들이 망망ᄒ며 울울챵챵훈 슴림은 산과 들을 덥헛고 고옥훈 토디는 텬부급탕과 ᄀᆺᄒ며 지목과 약지와 륙축과 곡식과 산숨과 가숨과 꿀과 실과가 도쳐에 풍셩ᄒ니 진실노 집을 짓고 밧을 갈어 살만훈 락원이로다. 산명 슈려ᄒ고 토디나 고옥ᄒ며 식암은 쳥렬훈 일폭 셔간도가 공연히 텬디 간에 일개 공한디가 되여 초목만 무셩ᄒ고 새와 즘싱만 왕릭ᄒ더니 몃 십년 젼에 쳥국인이 긔쳑을 시쟉ᄒ엿고 삼십년 젼브터 한국인이 ᄎᄎ 이쥬ᄒ엿는디 근일에는 한국인의 이쥬하는 쟈 졈졈 더ᄒ여 호ᄉ수는 이만여호오 인구는 수십만인디 그 풍속은 한국의 젼일 습관이 오히려 잇스며 그 영업은 농ᄉᄒ고 목축하는 거시 번셩ᄒ고 쳥국 인민은 한국인과 련쟝접

옥ᄒᆞ여 살어셔 심히 친밀ᄒᆞ게 지내며 쳥국 관리ᄂᆞ 한국인의 힝동을 임의로 ᄒᆞ게 ᄒᆞ여 특별히 의호ᄒᆞ며 근일에ᄂᆞ 예수교와 텬도교과 셔로 흥왕ᄒᆞ고 ᄯᅩ 뎨일 볼 만ᄒᆞᆫ 쟈ᄂᆞᆫ 곳 산양질노 죵ᄉᆞᄒᆞᄂᆞᆫ 포슈들이니 그 직됴가 심히 공교ᄒᆞ며 그 수가 심히 만혀셔 의연히 무사의 풍긔가 잇다더라. 한국인들이 관리의 학정을 견듸지 못ᄒᆞ여 무릉 도원으로 도망ᄒᆞ여 드러갓더니 마귀빅들이 ᄯᅩ 쫏ᄎᆞ 드러가셔 수년 간을 소위 관리의 파원이라 위명ᄒᆞᆫ 쟈들이 관리의 일홈을 쟈탁ᄒᆞ고 인민의 고혈을 셜어내더니 근뤼에ᄂᆞ 이런 폐단이 졈졈 막히여 인민들이 조고마ᄒᆞᆫ 텬디에셔 주유 ᄌᆞ젹ᄒᆞ나 다만 뎌 인민들은 싱활에 곤난ᄒᆞ고 학식이 쳔단ᄒᆞ여 아ᄂᆞᆫ 바ᄂᆞᆫ ᄒᆞ로 삼시 밥ᄲᅮᆫ이오 빅호ᄂᆞᆫ 바ᄂᆞᆫ 텬황씨 목덕이라 디황씨 화덕이라 ᄒᆞᄂᆞᆫ 글ᄲᅮᆫ이니 조국 졍신이 어듸로 좃ᄎᆞ 나며 동죡쥬의를 어듸로 좃ᄎᆞ 알니오 이럼으로 그 이목이 몽미ᄒᆞ여 신젼ᄒᆞᄂᆞᆫ 풍도가 심히 ◆듸도다하ᄂᆞᆯ이 간도에 잇ᄂᆞᆫ 동포의 젹료홈을 허락지 아니ᄒᆞ샤 작년 가을브터 몃 개 유지ᄒᆞᆫ 교육가들이 드러가셔 두어 곳 학교를 창셜ᄒᆞ고 도즁 ᄌᆞ뎨들을 교육ᄒᆞ니 어시호 젼일 무식ᄒᆞ던 간도의 홀연 광명ᄒᆞᆫ 계명셩의 광치가 찬란히 빗쵀엿도다. 오호라 간도에 잇ᄂᆞᆫ 동포들이여 머리를 ᄒᆞᆫ 번 두루혀 남으로 조국을 ᄇᆞ라보라. 밍렬한 바룸과 쳐량ᄒᆞᆫ 비가 젼국에 덥혀 잇고 ◆미망량이 도쳐에 횡힝ᄒ니 졔군이 비록 수쳔리 외국에 잇스나 엇지 일분이라도 ᄆᆞ음을 노ᄒ리오. 뎌 하와이와 상항등 각쳐에 잇ᄂ는 동포들은 창ᄌᆞ에 ᄀᆞ득ᄒᆞᆫ 더운 피가 가마에 쓸ᄂᆞᆫ 물ᄀᆞᆺ치 소ᄉᆞ오르며 그 단결된 졍신은 교칠노 븟쳔 것ᄀᆞᆺ치 견고ᄒ여 활동ᄒ기를 즐비ᄒ기에 부ᄌᆞ런ᄒᆞ거늘 이제 졔공은 홀노 다른 사름의 뒤에 셔니 이거시 엇지 븟그럽지 아니리오.

이 글에서 만주 지역 이주 시기를 30년 전으로 밝혔으니, 대략 1870년대부터 만주로 대량이주가 이뤄졌음이 추정된다. 만주와 연해주의 식문화는 차이가 있으나 조선의 북방지역 사람들은 일찍부터 인접국의 식문화와 자연스러운 접촉이 이뤄졌음을 근현대의 기록들은 보여준다.

과자제조법

――로서아과자――

새로운 세상이 된 커북쏫나타 로서아는 우리 가 셩각지 못하는 문긔사가 만흔중 뜩그나라에서 만드는 다봇나라에서 어더볼수 업는 이상하거만드는 과자가 만스니 그중에 하기 쉬웁고 맛잇는 것을 몃가지 소개합니다

◇마스감◇

재료
욕굴드 어백쏫스와 뎐 백쏫 스게탄두개 스가네손밀크 한통 스사탕이떠씃 스건포도 오십씃 스쏘니라약간

만드는법
데일먼커 욕굴드 이백쏫머에를 잘 불기운을 주어왓가지고 가는쳬 …쌔니라 아까차는 싹은스스한 것을 뒤저어 쌔버서 그대로 컵지에 너허 손씃다 나무상자에 너흘때에 눗덜들 속에 바르면 잘 떠러짐니다 이파차는 싹은 스스한 것을 …맛이다 단히 조흔과자임니다

⟨동아일보⟩ 1925. 5. 11. 로서아과자 '과자제조법'

2.
한반도 최초의
상업적 제빵소

　조선 후기 천주교는 극심한 탄압 속에서도 순교를 두려워 않던 신도와 사제가 많았기에, 포도주와 빵은 한반도 천주교 집단 내에서 비밀스럽게 제조됐을 가능성이 있다. 종교 목적으로 양반과 평민을 포함해 소규모 집단에서 은밀한 형태로 빵을 제조한 역사가 오랫동안 존재했을 가능성이 있다는 뜻이다. 조선 후기를 지나 대한제국에 들어서서는 문호가 넓어져 은밀한 제빵이 필요 없더라도 상업적 측면에서 보면 떡과의 경쟁에서 우위를 차지할 맛과 상품성 있는 빵이 바로 나오기는 어려웠다. 기본적으로 아궁이를 사용하는 쌀 문화권에서 빵 굽는 화덕이 부엌에 있을 리 없고, 종교적 이유가 아니라면 빵을 먹고 싶을 이유도 없던 시기였던 까닭이다.
　빵이 조선에 왔던 선교사·무역상·외교관 등 서양인에게 무척 그리운 음식임은 틀림없다. 최소한 이들에게만큼은 빵이 비록 비싼 가격일지라도 구매할 상업적 가능성이 있는 품목이었고, 실제로도 1800년대 말 조선에서 빵이 판매됐다. 기록상으론 1894년 제물포에 높은 가격대의 서양 음식을 선택하면 빵을 먹을 수 있는 곳이 있었다. 인천항으로 들어오는 외국인을 주로 상대했던 조선 최초의 호텔인 대불호텔 간판에 'MEAT & BREAD'가 있었다.(『개화기 한국 커피역사 이야기』 77쪽) 1894년 독일 잡지에 KOREA 특집기사와 사진이 실렸는데 사진 속에 대불호텔 간판이 있고 희미하게 'HOTEL, BREAD' 글자가 보인다. 당시 인천을 기록한 『인천사정(仁川事情)』(오가와 유조 지음)에는 대불호텔 음식 종류와 가격도 상세하게 있는데, 대불호텔 메뉴(1892년)에 서양요리 1인분 '상 1원 50전, 중 1원, 하 75전'으로, 연회 요리 '상 1원(1인분,

자료사진 〈Deutsche Illustrite Zeitung 1894〉 대불호텔 간판을 부분확대

중 75전)'에 비하면 훨씬 비쌌음을 알 수 있다. 인천항에 하역 노동자와 짐꾼이 많아서인지 '짐꾼 하루 품 50전, 목수 하루 품 70전, 조선인 인부 하루 품 23전 등'의 기록도 있어, 음식값의 상대적 비교가 가능하다. 1901년 일본영사관 보고를 보면, 대불호텔의 상업활동 폭을 짐작할 수 있다.

> 영사관에서 탐문한 바에 의하면, 영국英國 군함 바르파로부터 5, 6일간의 기한으로 육전대陸戰隊 150명을 입경入京시킬 예정으로 그 식량을 대불大佛호텔에 주문했다는 것임. 이상 유념하기 바라 전보함.

당시 일본영사관의 보고로 보아 대불호텔은 많은 인원의 식사를 동시에 준비할 수 있었으며 서양인 식단에 특화됐음이 확인된다. 대불호텔에는 서양인 투숙뿐 아니라, 외무협판 윤치호의 기록 등을 살피면 조선의 정부 요인의 이용도 많았다. 1892년 대불호텔 메뉴 기록에서 그 이전부터 빵을 먹을 수 있었다고 보이지만, 빵은 값비싼 서양식 식단을 주문했을 때 먹을 수 있었다. 대불호텔 내 빵만 따로 판매하는 독립적 매장설치는 상업성이 낮은 시대였다.

조선을 처음 방문한 버드 비숍은 '1894년 부산항에 발을 내디디며 만나게 되는 것은 Korea가 아니라 일본'이라는 특이한 인상을 기록했다. 그녀는 부산을 여행하고 다시 배편으로 부산항을 떠나 3일 후 제물포에 도착했다. 아쉽게도 그녀는 대불호텔이 아니라 중국인이 운영하는 스튜어드호텔에 묵었다고 밝혔는데, 아마도 1894년이 조선에 대한 외세의 관심도가 높아졌을 뿐 아니라 격동의 시기였던 만큼 오가는 외국인이 많아 대불호텔 객실에 여유가 없었기 때문인 듯하다. 현재 인천 중구 '차이나타운'으로 널리 알려진 청국 조계와 일본 조계의 모습이 연상되는 그녀의 기록을 보자.

> 중국인 거주지는 수려한 관아와 길드, 공회당, 건실히 번창하는 상점들로 이어지고 있는데, 계속되는 폭죽 소리와 징과 북을 두드리는 소리로 분주하고 시끄러워 보였다. 확실히 무역에서는 중국인들이 일본인을 앞지르고 있었다. 일본인 거주지는 훨씬 더 인구가 많고 넓었으며 과시적인 데가 있었다. 그들의 총영사관은 사절단을 위압하기에 충분할 정도였다. 그곳의 작은 상점들은 주로 자국인들의 필요를 충당하고 있을 뿐이었다.

이어서 버드 비숍은 'Korea의 제물포는 어디에 있느냐고 의아할 것이지만 그들의 비중은 작고 일본인 거주지가 서울로 가는 주요 길목 대부분을 차지하고 조선의 마을은 그 바깥에 위치하며 더러운 샛길을 지나 작은 토막이 들어찬 곳'으로 묘사했다.

'청나라 사람들과 일본인의 거주지 바깥 초라한 곳에 조선인 거주지가 있었다'라는 버드 비숍의 설명처럼 대불호텔이 빵을 제조·판매했으나 소비층은 국적과 신분에 따른 제한이 있었다. 당시는 양반과 평민 구별이 명확한 신분제 사회였고 빵 가격 또한 서민층의 접근성이 떨어졌기에 대중적 빵집은 좀 더 기다려야 했다. 대불호텔은 인천항의 지리적 특성이자 수입에 유리한 조건에서 일본 직수입으로 밀을 마련하고 제빵사를 고용해 고향을 떠나온 서구인의 입맛을 달래줬던 곳이다.

3.
한반도 빵의 대중화

〈매일신보〉 1924.12.05. 장발장

1924년 신문 기사에서 레미제라블의 '장발장' 제목이 눈에 들어온다. 어린아이가 굶주리고 있는 집안의 가장이 놋쇠 대야 하나를 훔쳐 전당포에 맡기고 받은 돈으로 쌀을 사서 아이들에게 밥을 먹이고 체포된 안타까운 사연이다. 기사 제목으로 보아 어린 조카들을 위해 빵을 훔쳤던 장발장 이야기를 당시 사람들은 잘 알고 있었고, 빵 역시 따로 설명이 필요하지 않은 음식이었다고 생각되는 대목이다. 빅토르 위고의 대표작이자 상징적 인물인 장발장 이야기는 1914년 최남선에 의해 줄거리를 요약한 번역 소설 『너 참 불쌍타』로 일찍이 소개됐으나 일반의 관심을 끌었던 시기는 1918년 〈매일신보〉에 '애사哀史'라는 제목으로 연재됐던 때였다.

〈매일신보〉 1918.07.24. 애사

연재 소설 '애사'에서 주인공은 '장팔잔'이라는 한국식 이름을 사용했고, 빵은 면포麵麭라는 한자어 표기를 사용하는 등, 근대 개화기 단어 때문에 현대인이 읽기에는 낯선 표현이 많다. 1917년 신문에 연재됐던 이광수의 『무정』에도 빵이 등장하는데, 기차에서 사 먹는 도시락의 샌드위치 식빵을 처음 보고 '구멍이 숭숭 뚫린 떡처럼 보인다'라는 표현이 나온다. 마치 커피가 가배·코히 등 다양한 이름으로 불리며 소개됐던 상황과 유사하다.

당시 신문 발행 부수에 커다란 영향을 끼쳤던 연재 소설에 빵 이야기와 직결되는 장발장이 실린 사실로 미루어보면 1910년대 후반 무렵에는 빵이라는 서양 음식이 낯설지 않았고 굳이 설명을 덧붙일 필요가 없던 상황으로 여겨진다. 놋쇠 대야를 훔친 이야기로 다시 돌아가면, 집안의 가장은 놋쇠 대야로 1원 20전을 받아 나무(10전), 쌀(60전), 석유(5전), 소금(10전)을 사서 처자식을 먹였다. 나무는 땔감으로 쓰려고, 석유는 전깃불 대신 호롱불을 밝히려고, 소금은 밥에 반찬으로 먹기 위해 샀던 것으로 보이니 집안의 곤궁함이 이루 말할 수 없는 상태였던 가슴 아픈 상황이라서 '장발장' 이름으로 압축해 설명한 것으로 보인다.

빵이라는 명칭이 널리 쓰인 시기가 도래했더라도 빵을 만들어 먹거나 제과점을 들러서 맛보는 식문화의 대중화 시기와는 다를 수 있다. 빵을 만드는 오븐과 베이킹파우더 등 장비와 재료의 대중화가 이루어지기 전이라도 신문이나 잡지 등의 매체에 의한 빵의 개념적 확산은 가능하기 때문이다. 1910년대 후반에서 1920년대 초반에 이르는 시기는 개념적 대중화가 이뤄진 때로 보인다. 그 이유는 빵 가격이 경쟁 관계인 호떡이나 빈대떡 등에 비해 월등히 비쌌기 때문이다. 참고로 1920년대 문맹률은 80%에 달했으므로 잡지나 신문을 읽는 사람은 20%에도 못 미쳤고, 빵 소비는 주로 도시화가 진행된 곳에서 이뤄졌다. 당시 조선 사람 대부분이 농업과 어업 등에 종사하면서 신문 등에는 관심이 덜한 시골에 살았다. 부산·평양·경성 등 대도시 중심의 일본인 거주지역에서 빵 판매가 이뤄졌던 점을 참고하면 이해하기 쉽다.

대도시 중심으로 빵이 유입되던 시기에는 비교적 가격이 높던 신문물의 하나로 빵이 인식됐고, 일본인 상점이 대다수였던 상황이 대중화의 제약 조건으로 작용했다. 조선은 일본의 통치를 받는 식민지였고 '조선인은 일본의 이등국민'이라는 말이 자연스럽던 시기라서 국권을 침탈한 일본에 대한 조선인들의 반감이 컸다. 일본인 거주지에만 상수도가 일찍 보급되는 등, 차별은 일상적이었고 일본인이 드나드는 상점은 조선인이 쉽게 드나들 수 없었다. 미국에서 노예해방이 이뤄졌어도 인종 차별이 20세기 중반까지 일상적이었던 상황과 마찬가지였다. 일본인이 많은 곳은 해코지를 당해도 하소연할 방법이 없었으므로 조선인들이 피하는 장소였다. 참고로 미국의 유통업체 시어스(Sears)가 1886년 우편 판매를 시작하자 흑인들 중심으로 대규모 소비가 늘어났다. 시어스의 비대면 판매 급증은 백인이 주로 이용하던 가게를 가지 못해 흑인의 소비가 제한된 상황을 벗어나게 했다. 유통업체 시어스가 우편 주문을 위해 1888년에 카탈로그를 만들었는데, 세계 유통회사들이 이를 모방함으로써 카탈

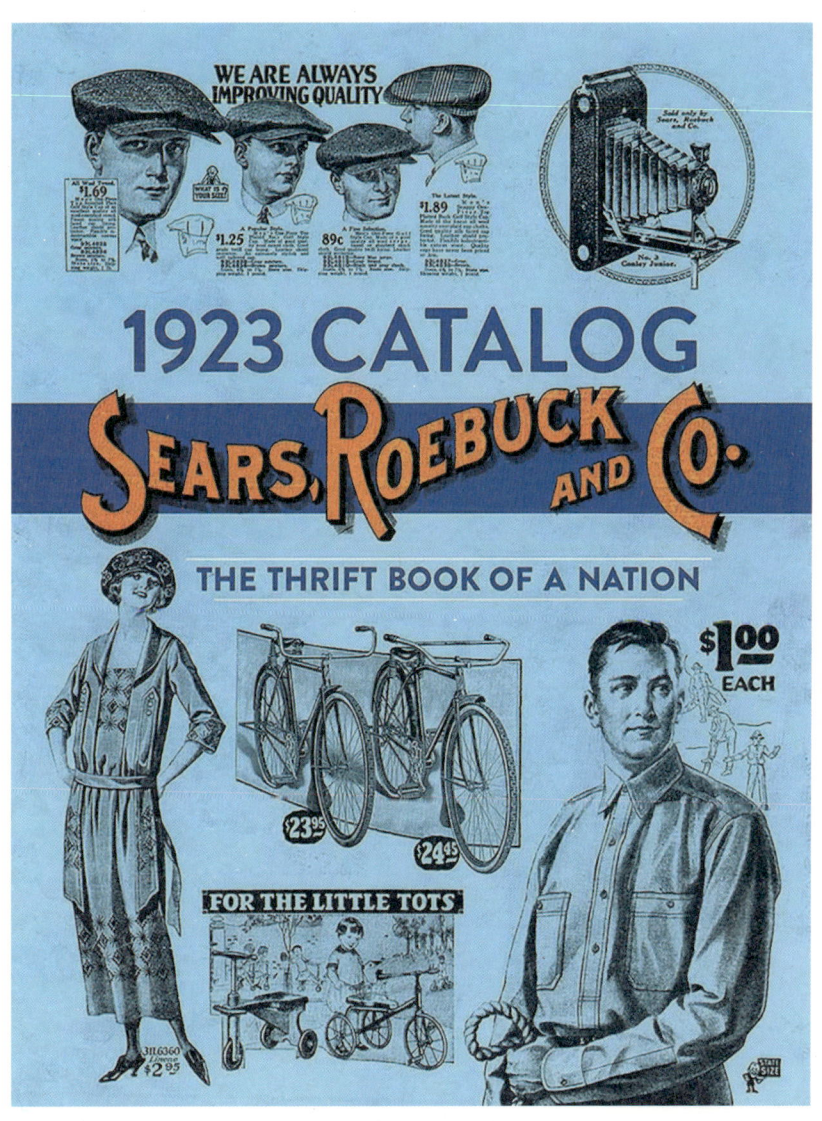

시어스(Sears) 카달로그
출처 : Dover publications

로그 홍보물 개념이 보편화됐다. 이처럼 사회적 제약으로 시장이 확대되지 않으면 자본주의 시장은 당연히 방법을 모색해 활로를 뚫기 마련인데, 그중 하나가 상자에 빵을 담고 거리와 가정을 돌며 파는 행상이 활발해지고 아울러 대규모 제빵소가 늘어난 것이다.

4.
서양 빵의 발달사와 한반도의 빵

　서양 빵의 역사는 몇천 년에 걸쳐 있고 지역과 제국의 형태에 따라 차이가 크다. 고대 이집트에서는 빵의 개수가 부의 척도를 나타냈다. 예를 들어 농민은 하루 빵 3개와 맥주 2병을 받았고, 귀족은 하루 빵 500개와 맥주 100병을 받았는데 그게 하인을 고용하는 원천이었다. 조선 시대 부자가 천석지기, 만석지기로 쌀 몇 섬을 수확할 논밭을 가졌는지 가늠하는 척도가 된 것과 같은 표현이다. 학생에게 예절을 가르치는 이집트 책은 '옆에 있는 사람에게 자신의 빵을 나눠주지 않으려거든 자신도 먹지 말라'고 썼다. 로마제국에서는 제빵사를 국가 관료로 삼아 제빵사가 일하는 제빵소 258개를 국가기관으로 전환해 월급을 지급하는 시기도 있었다. 대부분의 제빵사는 이를 못마땅하게 여겼으나 일부 제빵사는 매우 큰 부자이기도 했고 중요한 기술직 대접을 받았다. 이처럼 빵은 고대부터 개인의 삶과 국가정책의 중심에 있었다. 농자천하지대본農者天下之大本과 전혀 다를 바 없다. 아궁이 문화에서 밥을 각 가정에서 먹는 형태와 대형 제빵소에서 빵을 배급 또는 구매해 식사를 해결하는 형태에서 오는 문화적 차이만 있다.

중세를 지나 시민사회가 발달하면서 옛 독일인이 쓴 시에 '시의회에 제빵사가 들끓는 곳은 주민들에게 곧 해가 닥칠 것이다'라는 대목이 나오고, 덴마크 속담은 '시장이 제빵사인 곳에서는 빵이 언제나 작다'라고 말한다. 이러한 배경을 바탕으로 중세에 기근이 들었을 때 사람들은 빵 가게를 습격해 제빵사를 죽이기도 했는데, 기근의 원인이 방앗간 주인과 제빵사의 악행에 있다고 여겨졌기 때문이다. 이러한 현상은 프랑스혁명 때까지 계속됐는데 "빵 아니면 자유를 달라"는 말은 우리에게도 익

악마와 제빵사
출처: 『빵의 역사』

숙하다.

　전통적으로 유럽의 방앗간 주인은 도둑 취급을 받았다는데, 그 이유는 대형 물레방아나 풍차를 만드는 일은 고급 기술에 속했고, 농민들은 속절없이 당하는 처지에 놓여있었기 때문이다. 그러나 밀가루처럼 제분 과정 없이 쌀이나 보리의 알곡만을 얻는 한반도 농민은 동네의 작은 물레방아나 절구를 이용한 수작업이 가능해, 유럽과 차이가 있다. 유럽의 방앗간 주인에 대한 적개심은 한반도에서 지주나 마름에 대한 적개심으로 대치될 수 있다. 결과적으로는 서양의 농민이나 동양 농민의 삶에 차이가 없음을 보여준다.

　특히 방앗간에서 동서양의 문학적 배경으로 나타나는 공통된 특징은 남녀 사이의 성적 개방성이 보장되거나 자극하는 공간으로 묘사된다는 점이다. 괴테의 시집 『안네트(Annette)』에도 잘 나타나 있다. 방앗간을 진동시키는 방앗소리, 물안개와 밀가루 입자가 뒤섞인 공기 등이 어울려 성욕을 분출시키는 공간으로 자리 잡게 했다.(『빵의 역사』231쪽)

　봉평 이효석문학관은 소설 『메밀꽃 필 무렵』의 배경이 된 물레빙앗간을 잘 재현했으며 메밀꽃 필 무렵에 축제가 열리는 문화적 공간으로 사랑받고 있다. 소금밭처럼 하얗게 핀 메밀꽃과 물레방앗간에서의 사랑이 인상적인 『메밀꽃 필 무렵』은 통상 5일에 한 번 열리는 시골 장터를 순회하는 장돌뱅이가 등장하는 토속적 배경의 빼어난 작품이다. 소설 외에 1970~80년대 한국 영화에서도 물레방앗간은 유교 이념이 지배하는 사회에서 억압된 남녀 교제의 성적 규제가 풀리는 상징적 공간이었다.

서양 형틀형은 춘향전 옥중장면과 유사
출처 : 국립중앙도서관

홍성균 논문 「중세 말 영국에서 식품의 유통질서와 위법행위: 런던을 중심으로」에 따르면, 고급 흰색 빵을 만드는 자는 하급의 누런 빵을 만들지 못하도록 하였으며 반대의 경우도 마찬가지였다. 1266년 헨리 3세가 발표한 조례에 따르면, 한 덩어리의 빵 가격은 1페니였고 도시 당국자들은 제빵업자들의 확고한 통제를 원했다. 만약 제빵업자들의 파업이 일어나면 도시민의 필수품인 빵 공급에 문제가 생길 수 있기 때문이었다. 에드워드 1세는 빈민층을 위해 1페니에 두 개인 빵과 네 개인 빵을 만들어 팔도록 지시했지만, 제빵업자는 이를 잘 따르려 하지 않았다. 1382년 런던 화폐주조소에서 0.5페니와 0.25페니를 만들도록 했던 이유도 제빵업자들의 판매 거부행위를 제한하기 위함이었다고 한다. 중세 런던의 경우에서 보듯이 빵의 적절한 공급과 통제는 국정의 핵심 과제였다. 밀가루 제조 과정의 부산물인 밀기울로도 빵을 만들 수 있었으나 반드시 그 사실을 알려야 했으며, 만약 밀기울 빵을 당국에 알리지 않고 판매하면 형틀형에 처했다.

일본과 한국 식문화에서 빵이 정착되는 과정은 일본의 군사적 목석과 주식인 쌀의 대체와 깊은 연관이 있다. 대체 곡물인 밀가루의 확산이라는 국가권력의 의지와 필요성은 다소 기만적인 홍보와 강압이 끼어들 틈이 있었다. 또한 밥의 찰진 단맛에 익숙한 사람들에게 팍팍한 느낌의 빵을 먹도록 이끄는 과정에서 설탕 사용은 필연적이었다. 설탕 사용으로 증가한 칼로리 수치를 밥의 열량과 비교해 우수성을 홍보했던 내용은 현세의 사람이 본다면 우스꽝스러울 수 있으나 당시는 어느 정도 효과가 있었다. 결국 일본을 중심으로 동아시아의 빵은 단맛에 길들여 발달했고 지금까지도 치즈·크림 등 부재료를 활용한 당도 높은 빵이 매우 자연스러운 상황이다. 이는 유럽인이 식사 때 먹는 빵과는 너무도 다른 개념이라 하겠다.

5.
일본 제빵 산업의 발달 과정

　일본 제빵 산업은 1800년대 군대의 전투식량인 건빵을 납품하는 데서 시작한다. 1868년 일본에는 에도 막부를 무력으로 타도하고 천황을 중심으로 한 강력한 중앙집권제를 이룩해 쇄국하려는 도막파와 기존 체제인 에도 막부의 쇼군을 중심으로 영국식 의회정치를 도입하고 입헌군주정으로 개혁을 주장하는 좌막파가 존재했다. 도막파에 쇼군이 항복함으로써 도막파가 에도에 무혈입성하고 신정부를 수립했지만, 막부의 충신들이 이에 불복하고 병력을 모아 신정부에 선전포고했고, 사가 번과 사쓰마 번을 중심으로 한 신정부군이 진압에 나서게 되었다. 이것이 무진전쟁이다.

　이때 사쓰마 번은 에도에서 가장 큰 제과점인 후게츠도(風月堂풍월당)에 군용 식량으로 빵 오천인 분을 제조·납품할 것을 주문했다. 풍월당에서는 유럽식 건빵을 참조해서 검정깨를 박은 건빵을 생산했다. 이때부터 일본군은 본격적으로 건빵을 군용 식량화한다.

　건빵은 보급 측면에서 천황파(=도막파)에 이점을 가져다주었다. 서남전쟁(西南戰爭 세이난전쟁)이 일어났을 때인 1877년 3월, 때 이른 장마가 왔다. 17일간 계속된 우천 속에서 치열한 전투를 벌였는데, 반란군은 폭우로 인해 불을 붙이기 어렵다 보니 식사를 제대로 하지 못했다. 천황파 신정부군은 건면포(乾麵包: 마른 밀가루떡) 23만 7063근, 약 14만 2000kg의 유럽식 하드택(hardtack, 비스킷 또는 크래커의 일종)을 주문해 먹을 수 있었다. 영양 면에서는 별로 좋지 못했으나 아무것도 못 먹고 싸우는 상황보다 확실히 나았다. 또한 그냥 건빵만 먹은 게 아니라 당시 일본에서 최초로 만들어진 지 몇 년 되지 않은 단팥빵 또한 지급됐다고 한다.

일본의 천황파가 전쟁에서 건빵을 활용하기 전, 유럽을 정복한 프랑스 나폴레옹 황제 시절 나폴레옹은 전쟁에서 병사들의 사기와 관련된 병참-전투식량 공급 등-을 매우 중요하게 챙겼다. 나폴레옹 군대의 불을 뿜는 대포 뒤에서는 빵을 굽는 오븐에 밤새 불이 지펴졌다. 산처럼 쌓인 밀과 호밀은 병사들이 먹었고, 귀리는 말이 먹었다. 야전 제빵소의 백색 공병(밀가루 기술자)은 탄환이나 포탄 제작자와 마찬가지로 나폴레옹군 승리에 막중한 책임을 지고 있었다고 『빵의 역사』는 밝히고 있다. 나폴레옹군이 러시아에서 길어진 보급로와 추위로 패했을 때 병사들은 빵이 없어 말을 잡아먹으며 버텼다고 한다. 프랑스가 전쟁에서 패하기 5년 전인 1807년 나폴레옹 황제는 "빵만 충분하다면 러시아를 쳐부수는 것은 아이들 장난인데…"라며 러시아 전황과 보급의 중요성을 간파하고 있었다.

1800년대 후반 일본 천황파는 나폴레옹군의 전쟁에 깊은 관심을 보였을 뿐 아니라, 전투식량인 신선한 빵과 비스킷 활용에 주목했던 것으로 여겨진다.

 **바게트(Baguette)의 기원설 1**

프랑스인들에게 오랜 사랑을 받아오다 세계로 널리 퍼진 바게트의 유래는 여러 가지다. 유력한 설 중 하나가 나폴레옹 황제 시대에 기원한다. 동그랗고 커다란 빵은 전쟁 중에 운반과 휴대가 불편했다. 나폴레옹은 전쟁 중 병사의 개인 물품 보관이 쉽고, 긴 시간의 전투 상황이라도 주머니에서 쉽게 꺼내 먹을 수 있는 형태를 원해 결국 기다란 빵 모양이 탄생했다는 설이다.

세이난 전쟁에서 건면포의 이점을 확인한 일본은 계속해서 건면포를 개량해 나간다. 기존의 건면포는 한 번만 구웠기에 딱딱하지 않아서 운반 중에 부스러지는 단점이 있었다. 청일전쟁 무렵부터 군사 활동이 활발해지면서 일본 정부는 제빵사들을 유럽에 조사단으로 파견해 건면포를 개량하라는 명령을 내린다. 기존의 전투식량으로는 작전 활동에 한계가 있다는 판단에서다. 이때 파견된 조사단은 독일에서 두 번 굽는 건빵 제조법을 배워왔고, 이후 유럽식의 비스킷을 일본식으로 만든 중소면포重燒麵包를 만들어내는데, 이것이 동아시아식 건빵의 시초다.

중소면포는 완전한 유럽식 건빵이 아니고 유럽식 건빵 제조법을 일본식으로 바꾼 것이다. 예컨대 밀가루에 찹쌀 등의 곡물가루를 섞는 방식이다. 그런데 여기서 문제가 생겼다. 일단 중소면포는 유럽식 건빵과 달리 수분을 완벽하게 제거하지 못했다. 겉은 퍽퍽하고 속은 촉촉해서 남아있는 수분 때문에 쉽게 물러지고 상하곤 했다. 또한 미국산 박력분을 사용해서 점성이 떨어지는 데다 밀이 아닌 다른 곡물가루를 섞었기에 쉽게 깨지는 단점도 있었다. 1904년 러일전쟁 중에 일본군에 지급되었는데 맛도 괴이한 데다 먹으려고 꺼내면 가루가 되어있기 일쑤였다. 게다가 병사들은 갖고 다니는 그 자체를 꺼렸는데, 이는 두 번 굽는다는 뜻인 중소重燒가 깊은 상처를 뜻하는 중상重傷과 발음이 비슷했기 때문이다.

일본군은 시행착오 끝에 미국산 박력분을 유럽산 강력분으로 바꾸고 곡물 배합비를 바꾸어가며 잘 부스러지지 않게 개량해 나갔다. 여기에 감자 전분을 섞어 점성을 높이고 소금과 설탕, 참깨를 섞어 맛을 개선한 신형 중소면포를 개발했다. 이는 1914년 1차 세계대전 때 일본군에 지급됐다.(출처 나무위키)

일본은 동학농민전쟁 시기 한반도에 진출할 때 빵을 병사용 식량으로 사용했으며, 러일전쟁에서 건빵이 전투식량으로서 가치가 충분함을 재확인했다. 1909년 8월 일본 통감부 문서에 남한 지역 의병을 탄압하던 부대 병사의 휴대품 중 개인 식사용 목록은 '정미·건면포 각 1일분, 罐詰肉(저자주 통조림) 1일분'이었다. 건면포로 불렸던 건빵은 점차 개량형으로 만들어져 현대의 군대에서도 익숙한 '별사탕이 있는 건빵'의 원형으로 만들어졌다.

대륙진출 완성을 위해 중국을 탐냈던 일본은 제빵 산업을 키워 건빵을 포함한 빵 공급의 안정적 납품체계가 필요했다. 군납품만을 위해 빵을 생산하면 공장의 효율성과 생산성에 제약이 따를 가능성이 있으므로 빵을 일반인에게도 널리 알려 소비시장을 확대할 필요가 있었다. 빵 제조와 공급이 일본의 국가적 전략산업이 됐다는 뜻이다. 식민지 조선을 통치하는 조선총독부는 각 관청과 군대 등을 중심으로 빵 소비 확산을 위해 행정을 적극적으로 동원했다. 1926년 전국적 행사인 제6회 과자 품평회 행사에 사이토 마코토 조선 총독이 참석해 격려했으며, 우수 상품과 신상품에 상을 주고 각종 매체를 동원해 홍보했다.

데라모토 하야오(寺本顯雄)는 1916년 조선으로 건너와 제빵업에 종사했는데, 총독부 인물 카드(1921년 기록) 자료에 '거래처로는 총독부總督府 및 육군 각 부대, 조선은행朝鮮銀行, 경성용산京城龍山 각 소학교小學校, 식산은행殖産銀行, 전신국 이외에 시내 각 과자점 및 서양 요리점 등이었음'과 같은 자세한 내용이 있다. 식민지 조선 사람 대부분은 아직 빵이 익숙하지 않은 시기였지만, 행정기관을 중심으로 적극적인 빵 소비가 이뤄졌음을 보여준다.

1920년대 재판소의 풍경을 기록한 잡지에는 '수입인지를 파는 장소와 빵을 파는 두 곳에 일본인 점원이 움직인다'라고 묘사되어 있다. 현재의 법원에 해당하는 재판소는 식민지 조선을 통제하는 핵심 기관인데, 일반인을 상대하는 유일한 소매점에서 빵을 판매했다는 점은 눈여겨볼 만한 대목이다.

菓子品評會開會式　倭城臺の總督府舊廳舎で十五日から蓋を開けた全國菓子品評會の開會式は雨の十七日午前十一時から開會齋藤總督は藤原秘書官を伴ひ式場に臨み會場の應接室にて執行された菓子組合の銀座式にも總督は玉串を捧げた開會式は第二會議室の跡で行はれたが參列者は出品者をはじめ審査員等百名近くにおよび閉會後會場內で祝宴を張り盛況を呈した

〈경성일보〉 1926.04.18. 과자품평회 – 사이토 마코토 총독

6.
거친 통밀빵에서
부드러운 하얀 빵으로

　애니메이션으로 익숙한 〈알프스 소녀 하이디〉에 부드러운 하얀 빵과 거친 통밀빵의 명확한 차이를 소재로 다룬 내용이 있다. 〈알프스 소녀 하이디〉는 스위스 작가 요한나 슈피리가 1880년 출간한 『하이디의 수업 시대와 편력』과 1881년의 『하이디는 배운 것을 쓸 줄 안다』 두 작품을 합한 내용이다. 내용을 요약하면, 당시 서민층이 먹던 빵은 통밀빵이 대세였다. 하이디가 부유한 클라라의 집에 친구로 가서 부드럽고 맛있는 하얀 빵을 맛보고, 치아가 없어서 먹는 것이 불편한 피터 할머니를 떠올리고 식사 때마다 자기 빵을 아껴서 몰래 옷장에 모아 두었다. 나중에 알프스로 돌아가면 할머니에게 줄 생각으로 빵이 상하고 말라버리는 것도 모른 하이디는 옷장 가득 빵을 모았다. 그러나 이게 집사인 로텐마이어 여사에게 발각됐고, 표독스러운 로텐마이어 집사는 하이디의 애원에도 불구하고 빵을 모두 버리게 한다.

　하얗고 부드러운 빵은 현대적 제분 기술이 발달하기 전에는 귀족이나 부유한 집의 전유물이어서 서민들은 먹기 어려웠다. 밀을 빻아서 껍질과 배아를 제거하기 위해서는 체로 여러 번 걸러내는 작업이 수반되는데,

이 과정에서 양이 40~50% 줄어들고 추가 노동력이 필요하니 가격은 최소한 두 배 차이가 났기에 서민들은 거칠더라도 통밀빵을 먹을 수밖에 없었다.

"빵 아니면 자유를 달라"로 대표되는 프랑스혁명 시기는 밀가루 공급이 절대적으로 부족했고 곡물 가격은 높아 프랑스 민중은 하루하루 끼니가 걱정이었다. 1793년 10월 파리에 밀가루가 지급된 직후, 당통[2]은 "온 나라에 걸쳐 단일하게 적용되는 빵 가격체계를 수립해야 한다"라고 외쳤다. 파리코뮌은 이후 도시 안에서는 오직 한 종류의 빵인 '평등의 빵'만을 생산해야 한다는 법령을 선포했다. 구체적 실행방법으로 제분소와 빵 가게의 밀가루 체를 모조리 압수했다. 밀가루 체는 고급 빵의 상징물이었기 때문이다. 『빵의 역사』는 프랑스혁명에서 체를 압수했던 결과 가난한 자들이나 부자나 모두 똑같이 소화가 안 되는 밀기울이 섞인 질 나쁜 빵을 먹게 됐다고 평했다.

---

[2] 1792년 8월 시민군과 힘을 합쳐 군주제를 타도하고 법무장관으로 선출됐다. 1793년 4월 7일 제1기 공안위원회 위원이 되었고, 3개월간 외교·군사 문제를 맡아 사실상 정부 수반으로서 일했다. 당통은 여러 차례 생명의 위협을 받다가 1794년 3월 체포돼 4월 5일 동료들과 함께 단두대에서 처형당했다.

밀가루 체
출처 : Designed for Freepik

 바게트(Baguette)의 기원설 2

제분 기술이 발달하지 못했던 18세기에 귀족이나 부자의 전유물인 하얗고 부드러운 빵을 만들면 나타나는 부작용으로 생산량이 줄어드는 현상이 있었다. 프랑스혁명의 시작은 결국 빵이 부족해 굶주린 사람들이 많았던 사회적 상황에 기인한다. 프랑스 혁명정부는 부족한 빵 생산량 해결책으로 '부자나 가난한 사람이나 차별 없이 통밀빵을 만들어 먹으면 빵 생산량이 줄지 않고 굶주림을 해결할 수 있다'고 생각했다. 과거와 구별되는 새로운 개념의 빵이 탄생했고, 바게트가 그 주인공이라서 프랑스인의 사랑을 받는다는 설이 내려온다.

우리에게 익숙한 땅콩버터도 처음부터 빵에 발라먹는 용도만으로 만들어진 것은 아니다. 백과사전을 보면, '1890년대 세인트루이스의 의사인 암프로스 스트라우(Dr. Ambrose Straub)는 치아가 없는 노인들이 단백질을 섭취할 방법을 연구했다. 1903년 그가 발명한 땅콩버터 제조기가 특허를 획득했다. 미국에서 1월 24일은 땅콩버터의 날로 지정되어 있다'라고 쓰여있다.

21세기를 살아가는 사람들의 시선으로 1800년대 후반과 1900년대 전반기의 삶을 바라보면 커다란 오류가 발생할 수 있다. 서양에서도 희고 부드러운 빵이 서민들에게 익숙해진 시기는 그렇게 오래되지 않았듯이 한반도에 빵이 유입된 시기와 대다수 서민이 먹게 된 대중화 시기는 차이가 있다는 뜻이다.

1920~30년대 조선의 인구 대다수는 농어촌에 분포했고 이들에게 하루하루 먹는 문제가 가장 중요했다. 보릿고개麥嶺는 당시 사회에서 매해 나타나는 문제였고 두려운 현실이었다.

보리고개를 넘이을가

細農家四萬戶에
八萬石貸附實施
農糧貸附準備와 備荒穀流用

全北은 突破策樹立

〔全州〕 麥嶺의 難關에 逢着한 全北의 農村을 더욱히 日膳하는 昨今의 穀價 農村都會를 通하야 貧家의 窮은 果然 春來不似春의 奇現象을 形成하고잇다 全北道當局에서는 每年의 春窮解消를 目標로 今年부터 農糧租貸付制度를 施行하고

〈매일신보〉 1934.5.6. 보리고개 어이 넘을가

당시 기사 중에 '보리고개'라는 말은 조선 말기에 나타났고, 보리가 패기 시작해서 거두어들이는 시기까지를 이르는 말이라고 한다. 보릿고개를 넘기면 맥추麥秋가 온다는 내용을 담은 기사는 보릿고개가 굶주림에 얼마나 고통스러운 시기였는지 조금이나마 돌아볼 기회를 준다.

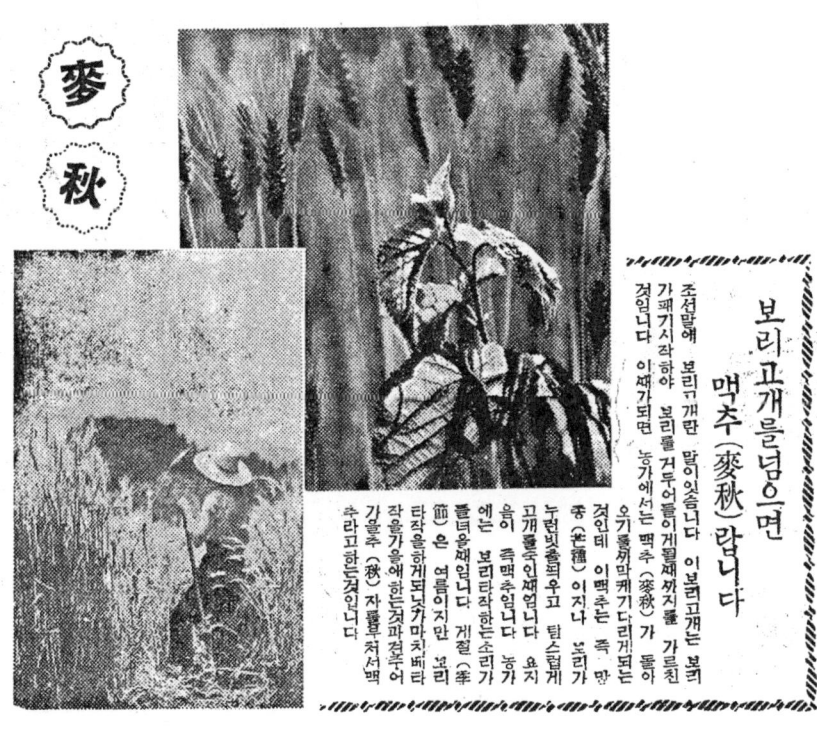

〈매일신보〉 1930.6.19. 맥추랍니다

1920~30년대 식민지 조선의 도시와 읍 소재지에 있던 제과점을 주로 이용했던 사람들은 일본인과 부유층 조선인이었고, 80%를 넘는 대다수 조선 사람에게는 그림의 떡과 마찬가지였다. 앞에서 북선 지역 빵 '흘레발'을 언급했던 시인으로 그나마 동경에서 유학했던 지식인이었지만 먹고사는 문제가 절박했던 1930년대에 이용악이 발표한 「나를 만나거든」을 보면 식민지 청년의 비애와 배고픈 현실이 잘 표현되어 있다.

땀 말른 얼골에
소곰이 싸락싸락 돋힌 나를
공사장 갓까운 숲속에서 만나거든
내 손을 쥐지 말라
만약 내 손을 쥐드래도
옛처럼 네 손처럼 부드럽지 못한 리유를
그 리유를 묻지 말어다오

주름잡힌 이마에
석고石膏처럼 창백한 불만이 그윽한 나를
거리의 뒷골목에서 만나거든
먹었느냐고 묻지 말라
굶었느냐곤 더욱 묻지 말고
꿈같은 이야기는 이야기의 한마디도

나의 침묵에 침입하지 말어다오

폐인인 양 씨드러져

턱을 고이고 앉은 나를

어둑한 폐가의 회랑에서 만나거든

울지 말라

웃지도 말라

너는 평범한 표정을 힘써 지켜야겠고

내가 자살하지 않는 이유를

그 이유를 묻지 말어다오

7.
대도시별 제과소의
발달과 특징

과거 빵 판매가 이뤄진 시장의 형태와 거래 방법은 현재와 차이가 크다. 예를 들어 과거 시골 장터는 물물교환도 이뤄졌고, 대개 5일마다 장이 열리기에 지역별 날짜에 맞춰 이동하는 행상이 많았다. 도로체계와 대중교통 또한 현대와 차이가 크고 냉장 시설 보급이 부족하던 상황에서 위생 문제가 심각할 수 있어서 빵의 유통 방식은 지금과 차이가 있다. 우선 대도시별 제과소의 발달 상황과 특징을 보자.

1) 백화점 등, 현대화 바람이 먼저 분 '경성'

1930년 경성에 명치제과 판매점이 들어서고 베이커리 카페가 성공하면서 빵을 판매하는 과자점의 영업 형태에 커다란 변화가 생긴다. 미쓰코시·조지아 등 경성의 4대 백화점도 과자점을 적극적으로 홍보하며 커피·차 등 다양한 음료를 마시는 매장을 함께 운영했다.

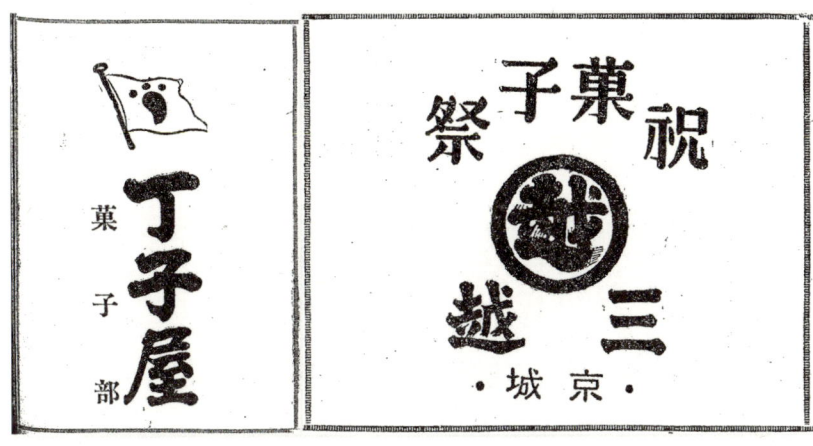

조지아 백화점, 경성 미쓰코시 과자부 광고

당시 문학작품에 미쓰코시 백화점 5층 옥상에서 음료를 마시는 장면과 당시로서는 신기한 시설인 엘리베이터 운행 모습이 종종 묘사됐다.

> 거대한 5, 6층 '빌딩' 체구 속을 혈관과 같이 오르락내리락하는 엘리베이터. 옥상을 장식한 인공적 정원의 침엽수가 발산하는 희박한 산소. 그리고 둥그런 얼굴을 가진 다람쥐와 같이 민첩한 식당의 웨이트레스와 자극적인 음료와 강한 케이크의 냄새.

김기림의 『도시풍경 1』(1931)에 나타난 경성 백화점 풍경의 일부다. 김기림의 글로 대략적인 분위기는 알 수 있으나, 당시에 먹었던 빵의 종류와 모습도 자못 궁금하다. 여기에 대한 궁금증을 풀어줄 빵집 광고가 있다. 경성 시내 중심가인 남대문 근처 빵집 '보래옥'의 빵 세밀화 광고가 그 주인공이다.

〈경성일보〉 1931.7.12. 보래옥

광고를 자세히 보면 빵 그림 옆에 사인과 함께 그림을 그린 연도 '1931' 표기가 있다. 굉장히 먹음직스럽고 다양한 형태의 잘 구워진 빵들이 묘사됐다. 현대의 다양한 판매 빵과 전혀 차이가 없는 모습이 놀

랍다. 보래옥은 규모가 큰 가게로 다양한 제품을 생산했다. 특이한 점은 1931년 광고에는 없었으나 1년 후인 1932년 7월 '역전 보래옥끽다점' 광고가 등장한다. 끽다점(喫茶店, 킷사텐)은 찻집, 다방을 가리킨다.

1930년대 퇴폐적 카페 범람 속에서도 문화·비즈니스·사교적 측면에서 건전한 만남의 공간은 필요했다. 이러한 현실적 필요에서 베이커리 카페는 모던modern함과 고급스러운 공간으로서 기존의 카페와 구별되는 하나의 스타일을 만들어갔다. 당시 유행했던 빵과 베이커리 카페 풍경만 보면 대단히 풍족하고 여유로운 모습이 연상되겠지만, 경성의 상류층 대다수는 일본인이었고 일본에 협력적인 소수의 조선인만 누릴 수 있는 도시적 모습이었다. 덧붙이면, 일제강점기 매해 300명 정도의 의사(조선인 112명, 일본인 189명)가 배출됐고, 경성의전·평양의전 등의 신입생 모집에서 조선인 비율은 3분의 1을 넘을 수 없었다. 사립이었던 세브란스의전에 조선인 학생 비율이 높아 해방 후 일본 의료진이 없어진 의료 공백을 그나마 막을 수 있었다. 여타의 전문 인력도 유사한 구조였기에 농촌인구가 대다수를 형성했던 식민지 조선의 삶은 글에 표현된 경성의 화려함과는 거리가 있었다. 1936년 김기림 글 「촌 아주머니」의 모습은 보편적 삶을 잘 그려내고 있다.

> 마을 아낙네들은 쌀값이 올라가는 것보다도 밀가루값이 올라갈까 보아서 읍에서 돌아오는 우차편牛車便마다 걱정스럽게 밀가루 시세를 물어본다. 만주滿洲조를 팔던 가게 앞에는 조 대신에 밀가루

포대가 쌓였다. 장날이면 아낙네들은 소나무단을 머리 위에 이고 또는 팟되나 계란 개나 판 것을 모아가지고 그런 것도 없으면 강아지나 도야지 새끼를 붙들어 장에 이고 와서는 밀가루를 바꾸어 가지고 돌아간다.

1940년대 초반 일본이 하와이 침공으로 미국과 전면전을 벌이면서

〈매일신보〉 1942.6.20. 식빵도 전표제

식량문제는 더욱 심각한 단계에 접어든다.

　쌀 확보는 군사용 식량 공급의 최우선 과제가 됐고, 일반인에게는 밀가루 공급조차 총독부 주도로 통제되면서 빵을 만드는 제과점 등은 각 지역단위로 묶여 합동공장으로 만들어진다. 인천·평양·군산 등도 경성과 마찬가지였고, 빵의 맛과 식감의 중요도는 이차 문제로 당장은 먹고사는 일이 최우선이었다. '애국빵', '철도빵'과 같은 다소 생소한 이름의 빵이 등장하는 배경이다.

　1945년 일본의 패전으로 조선은 식민지에서 해방됐으나 쌀은 여전히 부족했다. 다만 과거 만주산 밀에 비해 상대적으로 제빵에 유리한 미국산 밀이 공급돼 이전과는 또 다른 변화가 이뤄진다. 일제강점기 식감이 좋은 빵 공급이 상류층에 제한됐다면, 1940년대 후반은 훨씬 다양한 계층으로 공급이 확산하는 대중화가 이뤄졌다.

　1948년 〈독립신문〉 기사 '도나쓰를 점심 삼는 모꺼들'은 이전과는 큰 차이점을 설명한다. 기사 제목에서 '모꺼'라는 단어가 낯설 텐데, 당시 널리 쓰였던 '모뽀(모던보이)'의 상대어인 '모던걸'의 줄임말이다. 기사를 요약하면, 과거 있는 집 여성들이 먹던 음식인 도넛을 한 개에 20원 가격으로 점심을 해결하는 여성이 많아졌다는 내용이다. 과거에는 비싸서 못 먹을 도넛 등이 일상 속으로 들어오고 있다는 것이다. 당시의 점심 가격을 알아야 비교할 수 있을 텐데, 참고로 1947년 7월 서울의 메밀국수 가격이 30원, 1947년 11월 군산 빵집의 점심 특선 '근로식빵' 1인분이 25원이었다.

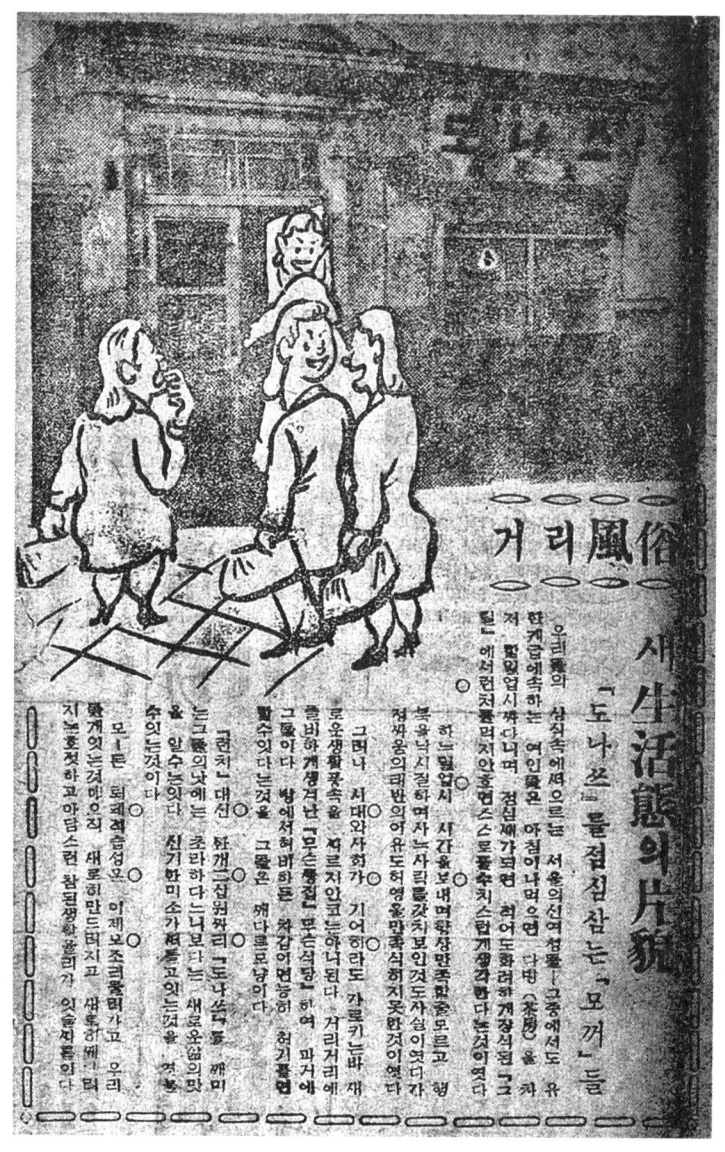

〈독립신문〉 1948.12.11. 거리풍속 도나스

1948년 서울의 제과소 광고를 보면 영업 방식이 일제강점기 '과자와 끽다점'과 매우 유사함을 알 수 있다.

사진 하단부 '정미제과소' 광고를 보면 '대중적 간편한 식사'인 우유빵 가격이 100원이다. 제과소 위치가 시공관 옆이라고 했으니, 서울 명동 중심가에 자리한 곳으로 군산 빵집의 근로식빵 25원과의 가격 차이는 당연하겠지만, 그래도 비싼 느낌이다. 아마도 일제강점기부터 '과자와 끽다점'이 고급스러운 사교 공간 역할을 했던 탓으로 여겨진다.

1930~40년대 영업 형태를 살펴봤을 때 동네 빵집은 작은 공간에서 빵과 과자류를 구워 팔고, 시내 중심가 큰 빵집은 빵과 팥빙수·밀크쉐이크 등 다양한 음료를 함께 팔면서 사교 공간 기능을 겸하는 제과점 형태로 정착한 것으로 보인다.

〈평화일보〉 1948.3.30.
제일제과소, 정미제과소

2) 일본인 비율이 매우 높았던 '부산'

부산 빵집은 경성을 제외하면 조선의 어느 도시보다 빠르게 성장했고 다양한 형태로 존재했다.

부산은 일본인 비율이 매우 높았고 초창기 양과자·빵 등의 구매층은 일본인이 대부분이었다. 1918년 부산의 광고에서 보여주듯 식빵을 포함해 다양한 과자와 빵이 도소매 형태로 판매됐고, 부산에서 출발하는 기차 노선과 승객 편의를 위한 납품도 많았다. 1918년 과자상안내 광고에 있는 교본제과소橋本製菓所 사진자료에는 제과상製菓商이라는 간판만이 크게 붙어있으며 당시로서는 제법 큰 규모임이 확인된다.(사진 부산일보 1934.10.01. 교본제맹과소) 1917년 부산에서는 비행대회 즉 비행기쑈가 개최됐다.(부산일보 1917.9.10. 비행대회) 부산진에서 열린 비행대회는 부산의 초중학생은 물론 대구에서도 대규모 관람단이 몰려들어 부산진 앞의 교통 혼잡을 예고하는 기사가 있을 정도였는데 이 행사에 과자상 협찬 내용 기사가 있다. 일본의 산업화 확대와 경제발전은 나가사키 개항을 시작으로 이뤄졌으며 서양 문물을 빨리 받아들이고 따라 배우는 일은 당시로서는 매우 중요했다. 일찍부터 일본인 사업가들이 대거 정착했던 항구 부산은 비숍여사 말대로 여느 조선의 모습과 달랐고 서양의 빵, 과자에 익숙해진 사람은 배운 사람에 속했다.

인천 대불호텔과 경성 손탁호텔은 조선 말기부터 대한제국에 이르기까지 외국인 입맛에 맞는 커피와 빵을 포함해 스테이크까지 제공했는데

〈조선시보〉 1918.9.5. 부산의 과자상 안내

대개는 특수한 신분과 상류층에 제한됐다.

 1800년대 후반부터 북선北鮮 지역에서 이뤄진 빵의 대중화는 생존을 위한 연해주 이주와 교류를 통해 맛없고 거친 흑빵이 중심이었다. 부산과 인천을 통해 유입되기 시작한 일본의 빵과 제과 산업은 경성 등의 대도시를 중심으로 산업화 과정과 서구 식문화에 이미 익숙한 일본인 거주지를 중심으로 설탕 함량이 높은 형태로 발달했다.

 빵 식문화 확산과 대중화는 빵집 증가와 제과 회사 설립 등, 산업화 속도와 관계있다. 경성에서는 1911년 일본인 과자상 10곳의 운영자들이 모여 조합을 설립하겠다며 경기도청에 서류를 제출했다. 현재의 행정 체계와는 달리 경성은 경기도에 속해 있었다. 서울시장에 해당하는 경성부의 단체장도 존재했으나 지금의 서울시장에 비하면 권한이 훨씬 제한적이었다. 경성과자상조합 설립 신청과 부산의 과자상 광고를 보면, 1910년 이전부터 과자상이 존재했고 1910년대가 되면 부산의 과자상들이 단체광고를 했을 정도로 영업이 활발했다. 당시 부산에는 과자 재료 공급에 특화된 제분공장도 있었다. 특히 부산 과자상 광고는 초기 과자 판매상의 다양한 특성을 보여준다는 점에서 의미가 크다. 과자포·상점·제과점 등의 명칭은 소매점과 과자 제조공장 시설이 있는 공급처와 도소매점 등을 구분하고 있다. 상점의 경우 '과자와 함께 차茶를 판다'는 문구가 있는데, 전통차를 마실 때 떡이나 과자를 곁들이는 다식茶食 등의 건강식이 함께 판매됐고 고객은 주로 일본인이었다.

특히 죽중제과점竹中製菓店은 교토 과자옥의 분공장分工場이라는 설명과 함께 전화번호가 적혀있다. 다른 상점은 주소만 적혔으나 제과점 명칭 광고에만 분공장과 전화번호가 기록된 점에서 제조와 도소매가

〈부산일보〉 1917.9.10.과자상관람권 비행대회

〈부산일보〉 1934.10.1. 교본맹제과소

京城菓子商組合 泥峴居ㅎ는 江川文吉氏等十餘名이 資金을 鳩聚ㅎ야 京城菓子商組合을 設立ㅎ 次로 京畿道廳에 請願ㅎ얏는 으로 數個條件을 添付認可ㅎ얏는 款變更、役員改選、經費豫算件을 定 道長官의 許可를 受ㅎ며 組合을 解 散ㅎ고 即時 道長官에게 提出ㅎ며 勿ㅎ고 即時 道長官에게 提出ㅎ며 又는 組合이 公益事業에 對ㅎ야 獘 害가 有ㅎ다 認ㅎ는 同時에는 解散을 命令ㅎ다 ㅎ얏다 더라

〈매일신보〉 1911.12.6. 경성과자상조합

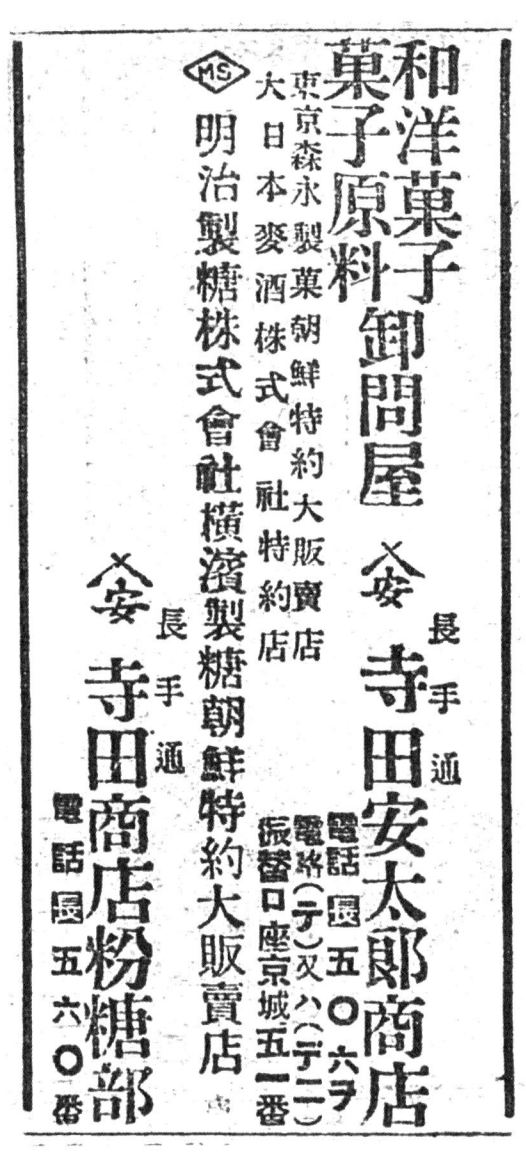

〈조선시보〉 1917.7.17. 과자원료

이뤄지는 곳을 의미한다. 상점은 다양한 품목 중 과자도 판매했다. 과자포는 다양한 과자류를 판매하는 전문점이었으며, 제과점은 과자 제조와 판매를 동시에 하는 곳이었다.

빵을 포함한 과자 가격 결정과 구매 방식은 어땠을까? 대체로 특별한 품목을 제외하고 종류와 상관없이 저울 무게로 가격이 결정됐다. 현대의 재래시장에서도 과자를 무게 단위로 판매하는 곳이 많다. 지금과는 과자 종류와 위생을 고려한 포장 등에서 차이도 있으나, 무게 단위가 특히 다르고 매우 생소한 용어도 사용됐다. '한 근'이나 '이십 몸메' 등, 나이에 따라 아는 용어가 다르겠으나 특히 '몸메'라는 무게 단위는 매우 낯설다. 1941년 '애국빵'이라 부르던 판매용 빵의 기본 무게는 18~20 몸메였고, 가격은 5전이었다. 몸메는 현대에도 널리 쓰이는 금 무게의 단위인 돈(한 돈 3.75g)과 같다. 현대인이 낯설게 느끼는 만큼이나 일본과 조선의 무게·거리 단위나 명칭은 서로 달랐을 것이다. 따라서 100년 전 한반도와 대만, 그리고 중국영토 일부를 일본이 지배하면서 무역 등 상거래와 교통, 문화적 통일성은 꼭 필요했다.

당시 총독부는 거리와 무게의 단위를 미터(m)와 킬로그램(kg)이라는 현대적 도량형으로 개선하는 미돌법米突法 실시를 추진했다. 미돌법은 미터 단위를 음역한 명칭이며, 당시 신문을 보면 통상 메돌법으로 불렀다.

기사 내용은 관에서 통제가 가능한 공설시장에서 메돌법을 시범적으로 시행한다는 것이다. 기사는 kg 단위와 당시 사용됐던 무게 단위를 환산한 표를 자세히 소개했다. 총독부의 정책적 의지와는 달리 당시 시

〈매일신보〉 1927.5.19. 메돌법 실행 기사

골 장터에서는 화폐뿐 아니라 쌀 등 곡물과의 물물교환 방식이 많아 미돌법 적용은 겉돌았고 탁상행정일 뿐이었다. 미돌법 적용은 자꾸만 미뤄졌고, 1940년대 무게 단위로 현대인은 전혀 알 수가 없는 몸메 등이 사용된 이유다. 도량형 실시와 달리 정책적 결정이 중요했던 표준시간은 일본 동경 기준으로 조선(1912년)과 만주국(1937년)이 단일화됐다.

부산의 과자상 광고에서 보듯이 현재도 사용되는 용어인 제과점은 100년도 넘는 역사를 가진 용어다. 제과와 제빵, 판매가 이뤄진다는 점에서는 현재와 다를 바 없다. 그러나 1910년대에 전기를 사용해 과자와 빵을 만든다는 일은 현재로 치면 첨단산업과 같다.

3) 북선北鮮 지역의 중심도시 '평양'

구한말 일본에 병합돼 주권을 상실한 식민지 조선인 중 독립군 등

저항적인 사람은 '불령선인不逞鮮人'으로, 지역적 분류로 북방지역은 약칭 '북선北鮮'으로 불렸다. 당시 '선인鮮人(센진)'은 일본인에게 경멸적 의미를 내포한 단어였다. 일본은 대륙진출 열망을 바탕으로 북선 지역 항만과 철도역을 중심으로 기반 산업을 구축했다. 평양은 북선 지역의 중심도시로 일본인 거주지가 일찍부터 발달했으며, 상업 기반을 중국과 일본 상인이 양분했다.

북선 지역 교통의 요지이자 문화적 중심지인 평양의 빵과 제과 산업은 꽤 규모가 있었다. 평양제과는 1920년에 일본인 자본 25만 원으로 설립됐다. 비교가 쉽도록 예를 들면, 〈매일신보〉 1919년 12월 기사는 경성극장을 짓기 위해 자본금 10만 원으로 발기인 대회를 열었다는 소식을 전했다. 과거의 자본금 액수만 가지고는 규모를 알기 어려워 종업원 수 등의 자료가 필요한데, 평양제과는 당시 불미스러운 사건 뉴스가 많아 역설적으로 자료가 풍부하다. 1923년 9월, 평양제과가 일본 사업주의 사기로 인해 파산했고 경찰은 회사의 일본인 중역들을 체포해 조사 중이라는 뉴스가 나왔다. 몇 년 뒤 1927년엔 평양제과 직공 50여 명이 4월부터 동맹파업에 들어갔다는 뉴스가 나왔는데, 그 내용을 살펴보면 상당히 악덕 기업에 속했다고 여겨지는 사안들이다. 회사 구성원의 대다수인 조선인 노동자들의 요구를 정리하면, '(1) 노동시간을 오전 7시부터 오후 7시까지 12시간으로 해달라 (2) 12시간을 초과하면 시간당 10전씩의 임금을 달라' 다. 기본급을 올려주라는 요구도 포함됐는데, 노동조건으로 보아 일요일을 빼면 최소 주당 72시간 노동을 훨씬 넘기면서

⟨중외일보⟩ 1927.4.29. 평양제과직공

도 초과 임금을 받지 못했다. 따라서 종업원 수가 50명 정도지만 노동 시간이 워낙 많아 현대의 기업 규모와 수평적 비교는 어려우나, 생산량이 많은 회사였음은 확실하다.

빵이 주식인 문명에서도 역사적으로 빵과 관련해서 파업의 기록은 많다. 『빵의 역사』(하인리히 E. 야콥)를 보면, 고대 이집트 왕 람세스 4세 시절 지방 근무 노동자들이 기름과 맥주, 빵을 받지 못하자 '자기 집에 드러누웠다'라는 기록이 있다. 노동자들이 드러눕고는 지방청에 대표단을 보내서 협상했다고 한다. 지방청이 빵을 지급하고 마무리됐는데, 대표단이 중요한 글을 남겼다.

'오늘 우리는 드디어 빵을 받았다. 그러나 키(key)를 쥐고 있는 사람에게 두 상자의 빵을 바쳐야 했다.'

두 상자의 빵을 받은 사람은 관례적으로 상납받는 관료로 추정되며, 고대 이집트의 기록이지만 현대의 상황과도 매우 닮았다. 이집트의 노동자들은 자국의 국민이라서 고대 왕정 시대에도 비교적 원만하게 해

|開城製菓所|

〈고려시보〉 1941.01.

결됐지만, 일본 식민지의 평양제과 조선인 노동자들의 파업은 많은 희생이 따랐을 것이다.

평양과 가까운 지역에 있는 개성제과는 1918년 창업했고 개성 지역에서 손꼽히는 회사였는데 특이하게도 대표자가 우상대禹相大라는 조선인이었다. 제과 기술을 조선인에게 전수하지 않고 가업의 특성을 유지하던 일본의 특성과 1918년이라는 제과업의 초창기인 점을 고려하면 매우 이례적이다. 자본금 1만 7000원으로 설립된 개성제과는 개성 지역 상공회의소 기록에도 손꼽는 기업으로 기록됐고, 신문광고 신년 인사에는 첫머리에 나오는 때가 있을 정도였다.

4) 경북 지역 신문물과 제과 산업의 중심지 '대구'

1926년 조선에서 전국적 행사인 제6회 과자 품평회 개회식에 조선총독부 사이토 마코토 총독이 참석했다. 군사용 목적의 건빵 생산을 포함해 제과 산업은 군국주의 일본의 역점사업 중 하나였다는 사실은 앞에서 설명했다.

1931년 품평회에서는 현재까지도 호두과자로 유명한 천안에서 지촌 志村 호두과자 상점이 일등 금패를 받았다는 뉴스가 있다.(〈부산일보

〉 1931.4.12.) 이 과자 품평회는 전국을 돌며 지방 대도시에서도 개최됐는데, 경북 지역 개최 시기엔 대구에서 열리는 방식이었다. 전국적 규모의 과자 품평회와는 별개로 대구에서는 지역 중심 과자 품평회를 자체적으로 여는 등, 제과업이 활발했다. 대구 과자 품평회 내용을 보면, 조합원이 50명인데 46점이 출품됐고, 종류는 생과자·양갱羊羹·카스텔라·빵·건과자 등으로 다양했다.

이렇듯 대구가 경북 지역 신문물과 제과 산업의 중심지 역할을 하면서 당시 신문에 '과자 먹고 싶어 이백리 길'이라는 흥미로운 뉴스가 보도된다. 거창에서 아버지가 땅 판 돈을 훔친 13세 소녀가 대구 봉산정 금판今板과자점에 거금을 들고 나타나 놀란 주인의 신고로 조사가 이

〈경성일보〉 1932.02.11. 대구의 과자 품평회

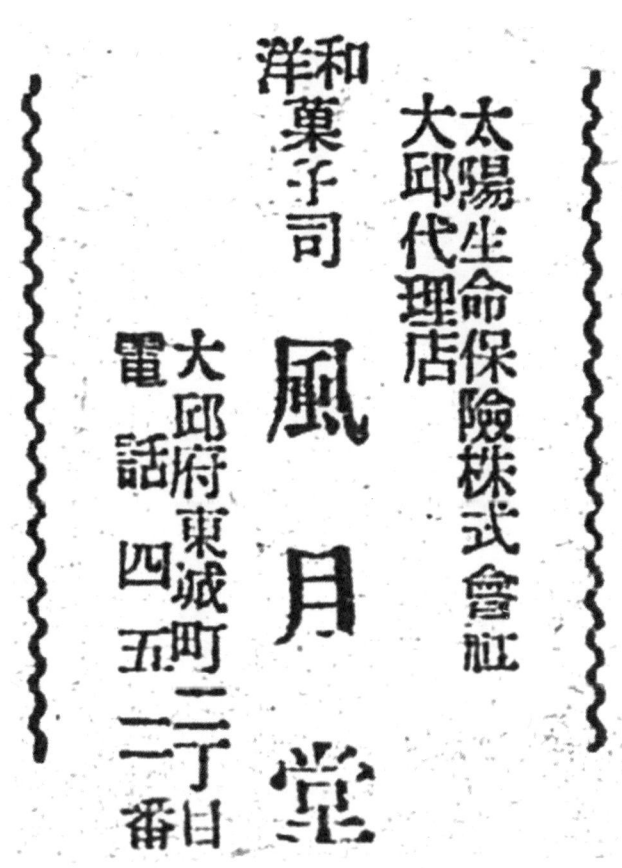

〈경성일보〉 1925년 대구 풍월당 광고

뤄졌다는 내용이다.

대구의 여러 제과소 가운데 '풍월당'이라는 특이한 제과소가 있었다. 풍월당은 일본 건빵 제조 역사에 등장한 이름으로, 조선 전역에서 사용된 인기 상호였다. 대구의 1924년 풍월당제과소 광고와 1925년 광고에는 커다란 변화가 있는데, 빵과 과자를 판매하는 제과소에서 보험회사 대리점을 같이 운영했다는 점이다.

일본 보험회사가 조선에 대리점을 출점·운영하는 형태였는데, 조선의 보험산업은 생각보다 일찍 들어왔다. 당시의 보험업계 광고는 회사와 영업 내용을 알리는 면에서 기발하고 효율적인 방식을 사용했다. 누군가 보험금을 받으면 보험금 수령 액수를 대대적으로 홍보하면서 회사와 화재·생명보험 등의 상품 내용을 광고하는 형태였다.

보험금 수령 액수는 시간이 가면서 오백 원, 천 원으로 점차 올라 1920년대는 천 원 넘는 액수가 보편화됐다.

대구 풍월당제과소 생명보험대리점의 주된 고객은 경제적으로 안정된 일본인이었다. 그렇지만 당시로써는 거액 보험금 수령 광고 효과 때문인지 1920년대 평양의 과자점 주인이 화재보험금을 노린 방화로 체포됐다는 기사가 있다. 사회면에 자주 등장했던 '스스로 불을 지르고 보험금을 노린' 기사는 일본인이 주류를 이뤘다. 대다수 조선인은 보험이라는 체계를 이해했더라도 보험에 넣을 여윳돈이 없는 처지였다. 1927년이 되면 간이생명보험이라는 제도가 적극적으로 소개됐고 소액으로 보험에 가입하는 방법이 나타났는데, 이 덕분에 보험산업은 폭발적인 성장을 이루면서 조선인 비중도 높아졌다. 대구의 과자 품평회 행사와 보험업을 겸한 풍월당제과소 사례는 변화하는 시대의 시장원리를 잘 이해하고 선진 경영 기법과 수완 있는 경영인이 제과업에 많았던 시대였음을 알려준다.

대구과자상조합의 조합원 대다수는 일본인이라서 조선인 조합원 규모와 영업 상황이 특히 궁금하다. 이 물음에 대한 답을 유추할 수 있는

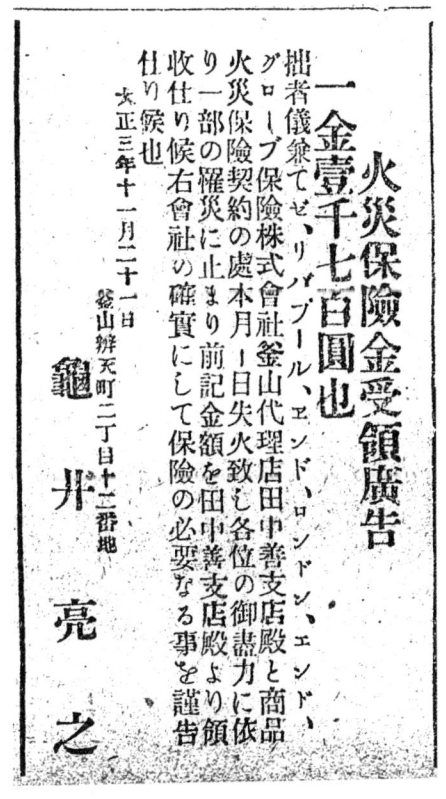

〈조선시보〉 1915.2.20. 보험금 수령 광고 금일천칠백원

사건들이 있다. 1945년 8월 해방 후 대구를 포함한 경북 지역 과자빵조합의 알림 글이 있다. (사진 〈대구시보〉 1946.4.3. 경북과자빵공업조합) 그 내용을 보면, 일제강점기 일본인 제과제빵업자에게 눌려 살았던 조선인 제과제빵업자의 설움을 말하면서 앞으로 사탕(=설탕) 공급에 대한 민주적 절차를 위해 조합 참가를 독려하는 내용이다. 빵이 조선인 식생활에 빠르게 수용되는 과정에서 설탕은 매우 중요한 역할을 했고, 그만

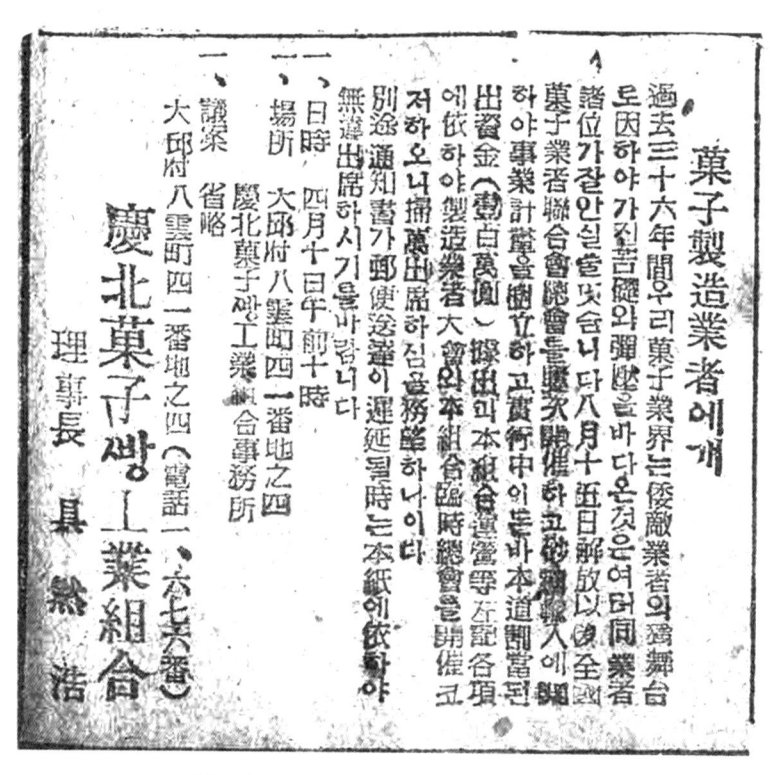

〈대구시보〉 1946.4.3. 경북과자빵공업조합 설립배경

큼 설탕 확보는 업자에게 생존이 걸린 문제였다. 1939년 〈매일신보〉 기사를 보면, 경성의 과자 제조상 103명이 가입한 조합에 조선인 조합원은 27명이었다. 경성의 과자상 조선인 조합원이 대표단을 구성해 진정서를 제출했는데, 설탕 공급이 줄어든 상황에서 조합 간부 중심으로 설탕을 빼돌리고 조선인 과자상에겐 절반 이하로 공급했다는 내용이다. 조합 간부는 당연히 일본인으로 구성됐고, 설탕 부족으로 인한 제과업계

〈부녀일보〉 1947.3.28. 국제다방 광고

피해자는 조선인 조합원에게 집중됐다. 생존의 위기에 직면한 조선인 조합원이 진정과 고발을 했던들 행정기관의 조사와 일본 검찰의 공정한 수사가 이뤄졌겠는가. 1946년 경북과자빵공업조합이 언급한 "지난 36년간 일본인 업자의 독무대 속에서 당한 고초와 탄압"은 경성 조선인 업자의 억울함과 마찬가지이며 빙산의 일각이다.

1947년 '국제다방'의 구인 광고는 대구 지역 제과업의 발달 상황을 잘 보여준다. 대구극장 입구에 있던 국제다방은 음악·끽다가 주된 곳인데, 과자빵 기능인을 구한다는 내용의 광고다.

『경성 빵집 이야기』를 참조하면 국제다방은 대구 지역 문화예술인이 모이는 품격 있는 공간을 지향했음을 알 수 있다. 비록 일제강점기 일본 제과업자에게 눌려 조선인 업자들은 고통과 설움의 시간을 보냈으나 과자빵공업조합의 빠른 대응과 다방 광고만 보더라도 대구의 제과업계는 역동적이며 앞서가는 곳이었음을 보여준다.

5) 일본인이 많이 살던 항구도시 '군산'

해방 후 〈군산신문〉 1947년 12월 광고에 재밌는 이름을 가진 빵과 빵집이 있다. '벙글벙글빵이 10원에 4개'라는 광고가 선명한 '벙글벙글과방' 빵집이다. 꿀팟(팥)죽도 판매하는 벙글벙글과방은 바쁘게 일하는 사람들과 학생을 위한 메뉴를 선보였다. 팥죽과 만두 광고를 낸 '충무제과소'라는 빵집도 있다.

만두는 중국·한국·일본 등 동양권에서 즐겨 먹는 음식이지만 특히 일본인의 만두 사랑은 예나 지금이나 각별하다. 해방기 충무제과소의 메뉴는 과거 항구도시 군산 특성상 일본인이 많이 살던 영향이라 생각되며, 평양 등 일제강점기 일본인 거주지 중심으로 활발했던 제과소 상품의 보편적 메뉴에 속한다.

신문광고에 정성을 들인 벙글벙글과방이 특히 눈에 띄는 이유는 현대의 베이커리 카페처럼 다양한 제품군과 고객 욕구에 부응한 경영 기

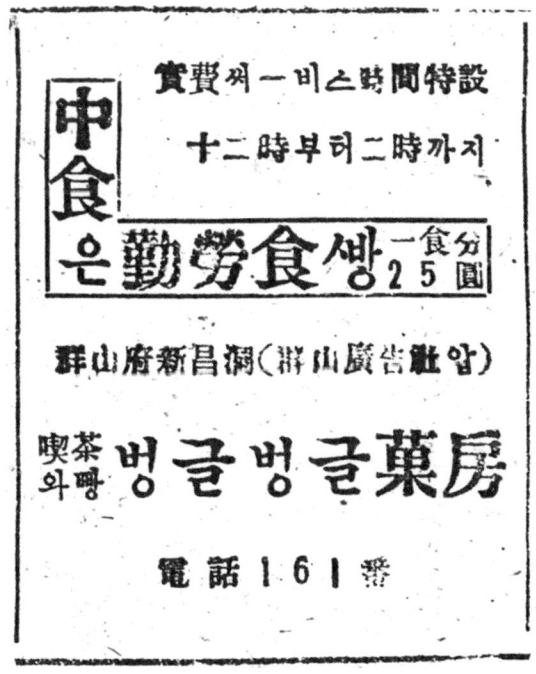

〈군산신문〉 1947년 벙글벙글과방 광고 – 중식 근로식빵

법을 선보였기 때문이다. 벙글벙글과방은 바쁜 직장인과 학생을 염두에 둔 메뉴인 '점심 특선'을 홍보했다. '근로식빵 1인분 25원, 12시~2시 한정, 저렴한 가격'으로 점심 특선메뉴를 내놓은 벙글벙글과방은 분명 시대를 앞서나갔다. 벙글벙글과방이 25원에 점심 서비스를 하겠다는 내용의 광고는 전혀 과장이 아니다. 당시 물가를 모르는 상태에서는 판단이 어렵겠지만, 1948년 서울의 비슷한 상품 가격은 100원이었다. 항구 군산은 부두 노동자 등이 많아 빵집에서 제공하는 근로식빵 중량이 서울보다 클 가능성은 있어도 작을 수는 없다.

오세미나의 논문 「일제시기 빵의 전래와 수용에 대한 연구」는 '이성당'의 전신 이즈모야(출운옥出雲屋)제과소를 중점적으로 다루었다. 이즈모야제과소가 레스토랑과 커피숍 기능을 갖췄다고 밝혔는데, 이는 군

〈군산신문〉 1948년 충남제과소, 1947년 벙글벙글과방 광고

산 지역에 특화된 영업 방식으로 보인다. 이즈모야가 일본 전통 과자를 팔던 초기부터 베이커리 카페 영업 방식을 선보인 것은 아니었고 1920년대를 지나, 특히 1930년대 들어서 규모를 키워 현대적인 모습을 갖췄다.

1932년 6월 〈매일신보〉 기사 '카페만 느는 군산'이라는 제목에서 보여주듯 1930년대는 서비스산업에 큰 변화가 올 정도로 군산이 들썩거린 때였다. 너도나도 한몫 챙기려고 카페를 만들고 '유두분면(기름 바른 머리와 분 바른 얼굴)의 여급이 군산의 사나히들을 유혹'하던 1930년대 초반 군산에는 미두거래소가 들어서면서 큰 변화를 몰고 왔고, 이즈모야도 이에 발맞춰 성장했다.

군산의 채만식문학관에 가면 작품 『탁류』와 미두거래소의 시대적 배경과 내용을 친절한 해설사의 설명으로 만날 수 있으니, 군산을 여행할 기회가 있으면 방문하기를 권한다. 오세미나에 따르면, 1930년대 번성기 이즈모야는 조선인 직원 20명을 두고 배달 서비스를 했을 정도로 큰 제과소였다. 이즈모야 기록을 보면, 장남이 경영하는 제과소 외에 레스토랑 형태의 점포가 하나 더 있다고 했는데 '출운옥' 본점 광고를 통해 그 사실이 확인된다. 출운옥 광고가 실렸던 때 경쟁 관계였을 제과소인 '송강당과자점'도 나란히 광고를 냈다.

이즈모야는 1910년대에 군산에 정착했는데, 1920년대 초반 창업자의 아들이 일본 동경 유학으로 양과자 기술을 배워 와 빵을 만들며 제품을 다양화했고, 가족경영 중심이라 제과제빵 기술을 조선인 직원에게는 전수하지 않았다. 이는 일본의 대를 잇는 가족경영의 전형적인 모습으로,

〈매일신보〉 1932.6.16. 카페만느는 군산

일본인 사업장에서 조선인의 핵심 기술 습득은 쉽지 않았다.

다른 예로 1920년대 후반 창업한 '복산당福山堂'은 경성에 총본점을 두고 평양·개성·봉천 등에 지점을 열었던 현대의 프랜차이즈 방식 제과소다. 일본 복산현福山県 출신의 인물이 창업한 것으로 추정되며, 현재 일본 복산현에 1920년대 경성의 제과소와 같은 이름의 온라인 홈페이지가 운영되고 있다. 복산당은 1930년대 슈크림 중독사건으로 신문을 장식했을 정도로 다양한 제품을 판매했으며, 1941년 복산당 만주

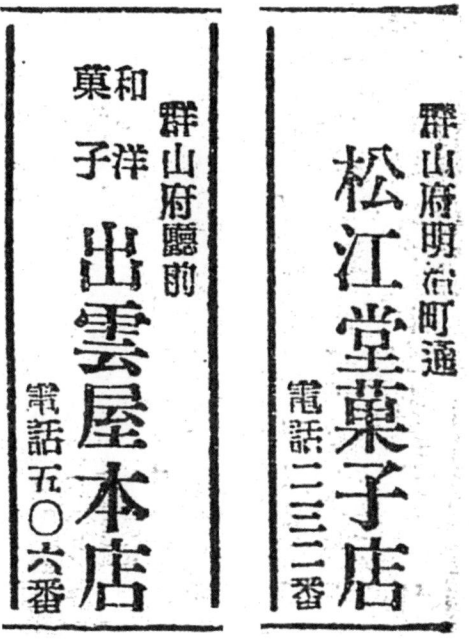

〈조선신문〉 1930.11.20. 출운옥 본점, 송강당 과자점 광고

봉천지점에서 지도자로서 책임을 맡은 조선인의 소식이 신문에 실릴 정도의 인지도가 있었다. '봉천지점의 강문수는 경성 복산당과자 본점 직공부터 18년을 일했으며 9년 전 지도자로 선발돼 만주로 이주했다'라는 내용이다. 사진에 있는 기사를 자세히 보면, 강문수는 창씨개명 이전의 이름이고, 신문에 실릴 당시는 '복산 문수'로 개명한 이름이 사용됐음을 알 수 있다. 조선인 출신으로 기술 전수 후 지점장이 되기 위해 그는 회사명으로 성을 바꾸는 정도의 충성도를 보였다.

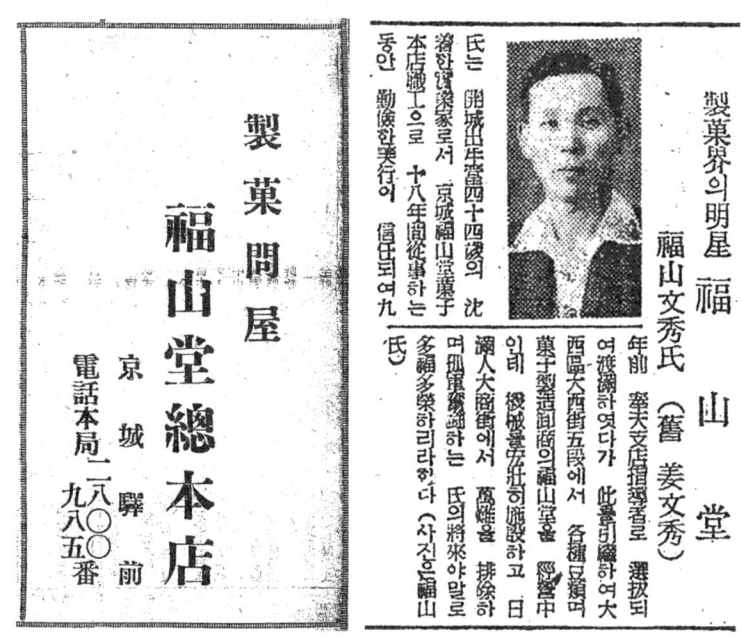

〈경성일보〉1933년 경성 복산당 총본점, 〈매일신보〉1941년 복산당 봉천지점 기사

6) 월미도 관광단지가 만들어진 '인천'

1923년 월미도에 빵집이 여러 곳 들어섰으며, 그중 한 곳인 '도제과소'는 이미 인천 내륙에 개업 중인 상태에서 출장소를 개설했다. 또한 〈조선신문〉1924년 1월 5일 신년 광고를 보면, 월미도 말고 인천 내륙에서 도제과소와 또 다른 과자점 '국수당' 등 두 곳이 전국 신문에 광고를 냈다. 월미도 관광단지가 인천에 만들어지자, 경성과 인천을 잇는 당

일 여가생활 문화권이 형성돼 인천역을 중심으로 관광객이 몰렸다. 이에 발맞춰 인천의 관광객 대상 상업시설들이 전국 일간지에 광고한 것으로 보인다. 총독부가 계획하고 만들어간 인천은 1927년 『별건곤』 '인천仁川, 미두米豆나라 仁川의 밤 세상世上'의 제목에서 보듯이 자극적이고 흥미로운 도시로 각인됐다.

> 밤 열시까지는 월미도月尾島 해수욕장(潮湯)을 먼저 다녀와야겟다고 싸리재 마루턱이에서 승합乘合자동차을 기다려 타니 생기긴 경성京城뻐-스보다 먼저 생겻다면서 노렁칠한 괴짝 갓흔 데에 태워 가지고 5里쯤 되는 데에 20錢씩을 바드니 京城보다 배倍나 더 빗싸다.

1924년 월미도 매점 광고

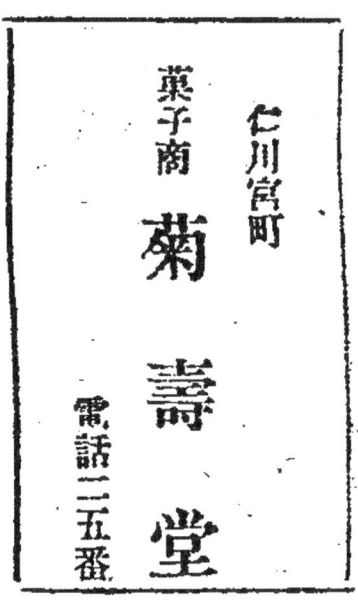

〈조선신문〉 1924.1.5. 인천궁정 국수당

위의 글은 인천역에 내려 월미도를 가는 여정이며, 경성보다 두 배나 비싼 인천의 버스요금은 관광지의 특성을 그대로 보여주는데 100년 전이나 지금이나 별반 다를 바 없는 바가지요금을 지적한 글이 인상적이다.

또 하나의 빵집은 '대청과자점'인데, 이 과자점에 특이한 점이 있다. 다른 과자점들과 달리 코코아 등 다양한 음료를 파는 카페와 더불어 상업시설 묶음 광고를 냈다. 입점 카페는 삼영제과회사 자본이 출점한 곳으로 커피·아이스크림 등을 판매했는데 대청과자점과 나란히 광고했다. 삼영제과는 군납 건빵 대부분을 점유한 회사로서 군부와 밀접한 기업이다. 즉 대청과자점이 삼영제과와 같이 묶였다는 사실은 단순히 넘어갈 문제가 아니다. 2년이 지난 뒤 광고를 보면 월미도 관광단지에 대청과자점만 남고 나머지 빵집 두 곳은 사라졌다. 아마도 대청과자점은 조선총독부 또는 군부와 긴밀한 관계의 인물이나 자본이 설립한 빵집으로 추측된다.

빵을 파는 과자점이 세 곳이나 관광단지에 입점한 이유는 빵이 단순한 음식이 아니라 일본 군국주의가 키우는 품목이었기 때문이다. 1920년대 교통의 중심인 기차역과 재판소라고 부르던 경성의 중요 행정기관에서 빵을 판매했던 사실은 단순한 의미를 넘어선다. 일본이 조선을 지배하며 억압하던 종착지는 일본 헌법에 따라 재판하고 형을 집행하던 곳이다. 지금의 법원 역할을 하던 당시 재판소 풍경을 보자.

> 일반인 공소控所에는 절수切手와 빵 파는 일본인日本人 남자 두 사람과 경매신청競賣申請 하러 온 고리대금업자高利貸金業者 한 사람과 산림소송사건山林訴訟事件의 증인證人으로 호출呼出된 시골 사람들이 잇슬 뿐이다.

위의 글은 1926년 『별건곤』에 실린 경성의 주요 장소를 방문해 풍경을 스케치한 것의 한 부분이다. 경비가 삼엄한 식민지 통제의 핵심인 장소라 판매를 담당하는 직원도 일본인으로 구성된, 오로지 두 곳인 상행위 매대 중 하나가 빵집이라는 사실은 의미가 크다. 빵집이 세 곳이나 들어섰던 월미도 관광단지 조성에도 조선총독부가 얼마나 관심을 뒀는지 보여주는 1925년 4월 9일 〈매일신보〉 기사가 있다. 조선총독부 사이토 마코토 총독이 주말마다 인천을 방문해 경비가 매우 삼엄하다는 내용이다. 총독이 방문하던 시기가 월미도 조탕 개장 직전인 것으로 보아 일반인 이용 전에 총독부 주요 인사들과 함께 온천욕을 즐기면서 조탕 주변 시설을 시찰하고 경제계 로비도 했을 것으로 추정된다. 군국주의 일본은 전쟁으로 식민지를 넓혀가는 중이었고, 군대 식량에서 건빵은 악천후와 급박한 상황을 대비한 비상식량이기에, 안정적 납품이 보장되는 민간 제빵회사 시스템 구축은 필수적이었다.

〈매일신보〉 1925.4.9. 사이토총독인천별장

초창기 월미도에 빵집이 여러 개 생겨난 추가적 요인은 현대의 수학여행처럼 학생들이 단체로 다녀가는 장소였다는 것이다. 월미도에 대형 수족관 설립 계획이 있었던 점을 보면 조선총독부는 러일전쟁 승전기념지와 첨단 관광지를 조성해 학생들이 필수적으로 경유하는 곳으로 만들 목표도 갖고 있었을 것이다. 초기에는 학교 단위 단체 방문 기사가 있으나 이후 특별한 기사가 없고 빵집 수가 줄어든 점을 보면 관광객 증가에 따른 열차 운송이 학생의 대량 운송까지는 받쳐주지 못한 것으로 보인다.

대청과자점은 삼영제과와 광고를 나란히 냈고 최종적으로 경쟁자들을 물리치고 월미도 유일의 빵집이 됐다. 그런데 1930년대가 되면 월미도 대청과자점은 내륙의 인천정으로 주소지를 옮긴다. 인기 많은 관광지 월미도에서 녹점적 지위를 누리던 대청과자점은 왜 자리를 옮겼을까. 여기에 대한 의문은 1931년 만주사변이 발생한 중일전쟁으로 거슬러 올라간다. 1931년 만주사변이 발생하기 전부터 일본은 끊임없이 중국을 지극하며 승전국으로서 대륙을 차지하는 꿈을 달성하고 싶었다. 1931년 9월 만주사변이 일어나기 전인 7월에는 만보산 사건이 발생했다. 중국 길림성 만보산 지역에서 발생한 중국인과 조선인의 충돌로 발화된 이 사건은 쌓인 감정 폭발로 이어져 인천과 평양의 중국 상인들이 죽거나 실종되는 유혈사태로 변했다. 결국 만보산 사건의 진실은 신문 기사의 오보로 밝혀졌지만, 100명이 넘는 사망자가 발생한 조선의 화교 배척 사건이었다. 일본 경찰의 묵인과 방조로 화교 피해는 엄청났고, 이는 조선 내 중국 상인의 입지 약화로 이어지게 된다. 당시 청나라 상인에 대한 부정적 뉴스가 꾸준히 나왔다는 사실을 상기하면 이해하기 쉽다. 조선인의 반감은 실질적으로 일본인과 중국 상인 모두에게 있었으나, 일본인은 지배자 위치에서 조선인의 반감 표출 대상이 중국인을 향하도록 만들었다.

〈매일신보〉 1931.7.10. 만보산사건 여파

평양의 거리는 4년 전年前보다 퍽 달라젓슴니다. 새로 전차電車도 노히고 새 벽돌집도 더러 잇슴니다. 그러나 전차電車는 외국인外國人의 밥버리통이오다. 번적 번적하는 새 집들도 모다 일인日人의 것이거나 중국인中國人의 것이오다. 조선인朝鮮人 시가에는 변한 것이 업슴니다.

1923년 9월 『개벽』에 실린 글을 보면, 외세에 의해 개화가 이뤄졌으나 경제적 부를 빼앗기고 짓눌린 조선의 모습을 안타깝게 여기는 글쓴이의 심정이 잘 나타나 있다. 근대화가 이뤄지는 과정에서 식민지 조선인의 소외감은 컸고 일본은 이를 잘 알고 있었다. 언론 통제 기술이 뛰어났던 조선총독부는 문화정책이라는, 과거에 비해 세련된 방법으로 식민시 조선인들의 울분을 배출하는 통로를 조절하며 중국과 조선인의 씨움을 즐겼다. 비록 군것질 음식일지라도 문화적 상징성을 담아 감정표출의 통로가 될 수 있는데, 호떡이 대표적이다. 일제강점기 호떡집은 중국인이 운영하는 가게가 많았고, 빵집은 일본인이 운영하는 곳이 다수였다. 1926년 6월 『동광』에 실린 글을 보면 더 명확하다.

상해上海서 '하이카라 양복'을 입고 여긔로 여기면 호떡집 가튼 중국인의 시컴한 밥집(포반包飯집) 속으로 처음 차저 드러갈 적 가튼 창피스러온 생각은 안이낫서도….

호떡은 과거나 지금이나 서민들이 즐기는 음식인 탓에 자연스럽게 보일 수도 있으나 당시 지방의 엉터리 기자를 '호떡기자'라 부를 정도였고, 부정적 이미지는 일반명사로 쓰일 정도의 시대적 상징성을 가졌다. 중국 상인의 호떡집 배경으로 위험한 헛소문이 신문 기사로 자주 나왔고, 결국 1931년 만보산 사건 오보는 엄청난 사상자와 행방불명자를 발생시켰다. 7월 만보산 사건 이후 9월에는 일본 관동군이 류탸오후 사건을

〈매일신보〉 1923.9.18. 월미도 피한설비

조작해 결국 만주를 침공했다. 일본군이 야심을 펼쳤던 그해 7월과 9월 사이인 8월 말에 성업 중이던 월미도 조탕 영업 종료 기사(《경성일보》 1931.8.31.)가 나왔다. 바닷물을 덥힌 해수 풀장이라 월미도 조탕 영업은 통상 10월 말에 종료했으므로 8월에 영업을 끝낸 것은 이례적이다. 조선총독부는 이미 만주사변이 일어날 것을 알고 중국과의 전쟁 중 후방 관광지의 활발한 모습을 자제시켰을 가능성에 무게가 실린다. 일본군의 전쟁 승리로 1932년 3월 만주국이 세워졌고, 월미도 조탕 영업은 그해 4월에 개시돼 9월에 종료됐다. 관광산업도 총독부의 결정에 따르던 시절이라 대청과자점은 정세의 불안정 속에서 조탕 영업의 불투명성이 높아져 인천 내륙 이전을 결정했을 것이다. 대청과자점이 여타의 과자점과 다른 모습은 정치적 입장을 표현한 광고를 했다는 점이다. 삼영제과는 건빵을 일본 군대에 납품한 전범 기업으로 아베 전 수상의 부인 집안으로 알려져 있는데, 당시 삼영제과와 대청과자점 광고가 나란히 있던 점으로 보면 당연할 수 있다. 1934년 대청과자점 주소가 '인천정'으로 표시된 광고를 봐서는 대청과자점은 1932년과 1934년 사이에 인천 내륙으로 이전했다.

7) 사과양갱으로 유명했던 '함흥'

1928년 일본 본토에서 열린 전국 과자 품평회에서 함흥 귀옥과자점의 출품작 사과양갱이 금패, 함흥 풍월당의 출품작이 은패를 받았다.

〈조선신문〉 1928.11.29. 풍월당

지금으로 치면 금상과 은상을 받은 셈이라 1928년 11월 〈조선신문〉에 함흥 풍월당에 관한 자세한 기사도 나왔다.

엿에 설탕·팥·우무 따위를 넣고 반죽해 바짝 끓인 후에 식혀서 굳힌 과자인 양갱羊羹은 일본 과자점에서 일찍부터 판매됐는데, 1915년 부산의 대화옥과자점 광고에도 양갱이 주메뉴로 등장한다. 우리에게 익숙한 이름 연양갱煉羊羹 외에도 지역특산품을 소재로 다양한 양갱이 개발됐다. 함흥이 사과양갱을 개발했다면, 충북 옥천은 지역특산물인 대추를 이용해 대추양갱을 개발·판매했다. 이처럼 당시는 귤양갱·밤양갱·팥양갱 등 양갱의 인기가 조선 전역에 걸쳐 드높았다. 북한에서는 양갱이라는 용어를 사용하지 않는 것으로 보인다. 양강도 특산품인 들쭉을 상품화한 들쭉단묵과 들쭉술이 유명한데, 들쭉단묵을 보면 팥양갱과 매우 비슷하다. 개성 등 다른 지역에서는 다른 명칭의 단묵이 팔리는데, 우리가 오늘날 마트에서 사는 양갱과 비슷하면서도 식감에서 차이가 난다.

1915년 조선물산공진회가 수여하는 공업 은패 수상 내용을 보면 양과자·양갱·연양갱 수상자는 경성에서, 카스텔라 수상자는 함경남도 원산에서 각각 나왔다.

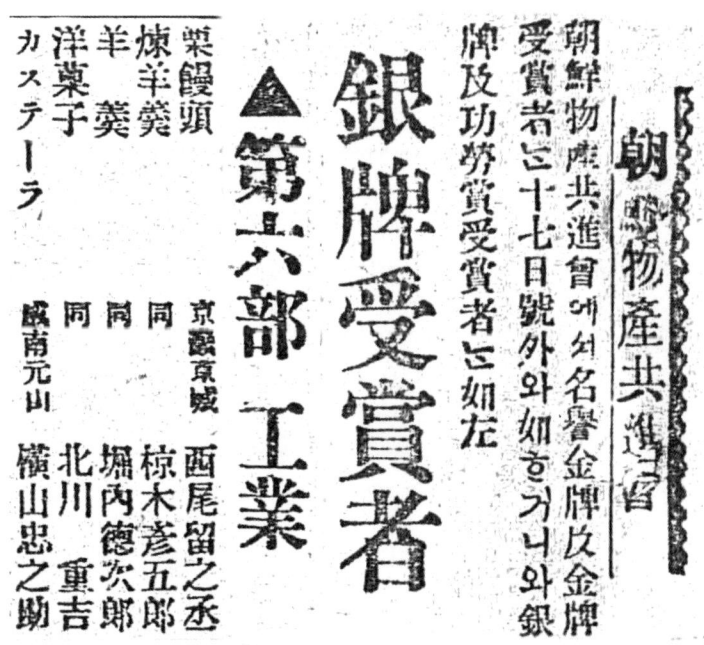

〈매일신보〉 1915.10.19. 은패 수상자

카스텔라 금패는 부산의 일본인이 수상했다. 앞에서 보듯 양갱과 연양갱은 확실히 구별되는 상품이었고, 북선 지역 제과업은 여러 도시에서 일찍부터 활발했음이 확인된다.

8) 남북 단절 이전 해상무역의 중심지 '해주'

해주는 황해도 도청소재지이자 해상무역의 중심지로 일본·인천·진남포 등과 교역이 많았다. 해주는 예로부터 좋은 돌이 많았다. 문방사우 중 벼루에 먹을 가는 묵墨이 유명했는데, 해주묵海州墨은 조선의 으뜸이었다. 제주가 삼다도라는 별칭이 있듯이, 해주는 좋은 암석이 많고 미인 등이 많아 '해주삼다海州三多'로 통했다. 1925년 잡지 『개벽』의 '황해도답사기黃海道踏査記'에 '장가는 해주海州로 가고 시집은 연백延白으로 가라는 것은 역시 海州에 미인이 만코 연백延白에 백미白米가 만흠을 의미한 것이다'라는 글이 실릴 정도로 해주 미인은 유명했다. 남남북녀南男北女라는 속언은 이러한 오랜 전통에 기인한다.

인천항은 해상로를 통해 충청권과 활발히 교역해 인적교류 또한 많았는데, 남북 단절 이전에는 해주항을 중심으로 황해도가 충청권처럼 활발했다. 해주항은 북선 광물자원의 일본 반출이 가장 큰 교역이었고 다음으로는 인천과의 무역이었다.

연산군 시절 만들어진 해주 부용당芙蓉堂은 명승고적으로 수도권과 가까워 많은 문인과 역사학자가 찾던 명소였고, 해주는 관광지로도 유

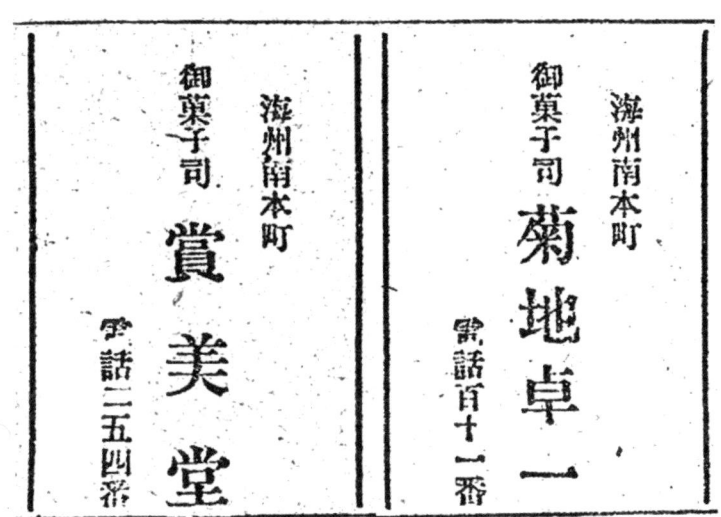

〈조선신문〉 1924.1.1. 상미당, 국지탁일 제과소

상미당. 출처 SPC삼립 홈페이지

명했다. 1935년 인구통계를 보면 마산 2만 7000명, 군산 2만 6000명, 해주 2만 3000명 정도로 항구도시 중 해주는 서해안의 비교적 큰 도시였다.

이런 배경으로 해주의 빵집은 일찍부터 지역을 넘어 전국적인 신문에 광고했다. 국지탁일제과소와 상미당제과소는 매우 이른 시기인 1924년부터 꾸준히 광고한다. 해주의 제과소 중 상미당은 특히 눈에 띄는 상호다. 현재 전국적인 프랜차이즈 제과점 파리바게뜨로 익숙한 SPC삼립의 모태가 상미당에서 출발했다.

9) 기차역을 중심으로 제과소가 발달한 '대전'

경성역이 만들어지기 전 부산으로 가는 경부선 출발지는 남대문역이었다. 이곳에 철도 이용객을 위해 1909년 차를 마시는 끽다점喫茶店이 들어섰다. 1913년 대구역에 끽다점이 들어서고, 1918년 대전역에도 만들어진다. 대전역을 중심으로 빵집 등 신문물이 유입되면서 상업도 함께 발달

〈조선신문〉 1928.1.1. 상미당제과소

했다. 1919년 〈매일신보〉를 보면 남대문역에서 대전역까지 소요 시간은 4시간 30분 정도였다. "유성온천이 목적지였던 일행은 낮 12시경 도착했으나 유성온천행 자동차는 오후 4시에 있어서 기다릴 상황이었다. 그러나 성공한 사업가 덕택에 전용차를 얻어 타고 계룡산을 둘러보며 유성온천에 갔다"라는 기사가 실렸다. 유성온천을 포함해 대전을 홍보하기 위해 1915년 대전역에 접대소를 만들었고, 이곳에 차와 과자를 준비하고 안내 책자를 비치했다는 기사도 있으니, 유성온천은 대전의 오랜 명소다.

대전역 앞 여관·식당·자동차부·주점·과자점 등은 일찍부터 전국적인 광고에 열성이었다. 보래당과자포는 1924년부터 광고에 등장한다. 물론 다른 과자점인 풍월당 광고도 있다. 풍월당은 전국적으로 존재하는 인기 상호였는데 체인점은 아니었고 과자섬뿐 아니라 다른 업종의 상호로도 많이 사용됐다. 특히 함경북도 함흥의 풍월당 규모가 상당했는데, 외관 사진도 남아있다. 사진을 자세히 보면 가게 주변으로 자전거가 많

〈매일신보〉 1919.8.18. 유성온천에서

이 보인다. 당시는 다양한 업종에서 자전거 배달이 일상화됐던 시절이다.

1910년대부터 우편물 자전거 배달이 전국적으로 이뤄졌다. 자전거 음식 배달 또한 일상이었기에 경성의 중심부인 남대문 근처는 대혼잡을 이뤘고 급기야 낮에는 일반인 자전거 통행 금지령을 내렸을 정도다. 특히 냉면으로 유명한 평양에는 냉면과 국수 배달이 많아 '면麵배달부'라는 명칭과 면배달부조합이 있을 정도였다. 이들의 급여는 하루에 60전이었고, 자전거 배달의 경우 70전을 요구하며 업주들과 교섭한 기사도 있다. 1920년 〈매일신보〉 안성분국이 배달부 변경 사항을 신문에 공고할 정도로 배달은

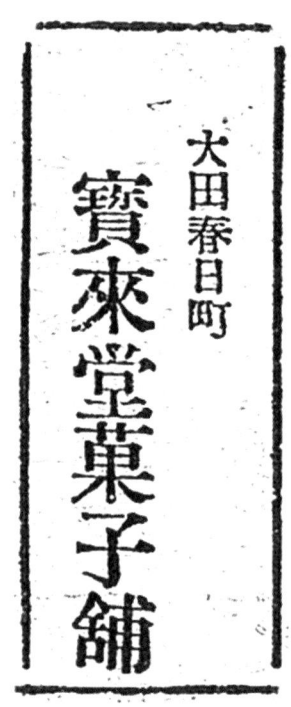

〈경성일보〉 1927.1.1. 보래당과자포

〈경성일보〉 1934.11.29. 함흥 풍월당

공공과 상업적 영역에서 중요한 직군이었다. 1915년 〈매일신보〉에 실린 대전역 접대소의 다과 역시 과자포 소속 배달부가 배달했으리라. 여름철에 수요가 많은 얼음은 아이스박스 형식의 냉장고에 넣어 매일 각 가정에 배달됐다. 심지어 '아이스께끼'로 불렸던 막대기 얼음과자가 배달될 정도였다. '철가방'으로 상징화된 음식 배달 문화나 '배달의 민족' 광고는 이처럼 100년이 넘는 오랜 전통의 배달 서비스 역사에서 탄생했다.

1948년 〈평화일보〉를 보면, 대전의 제과소 여러 곳이 나란히 광고를 냈다. 사진에 나온 곳 외에도 김종철제과소와 강광식제과소의 광고도 있다. 이처럼 대전역을 중심으로 100년 전부터 발달한 제과소가 자전거 배달뿐 아니라 신문광고를 냈던 치열한 경쟁의 틈바구니에서 찐빵을 팔며 조그맣게 시작한 성심당이 대전을 넘어 전국적 명성을 얻기까지의 우여곡절과 성장 이야기는 경이롭다.

〈공업신문〉 1948.5.27. 명동 냉면 전문점 '냉면배달부'

〈평화일보〉 1948.8.21. 제과소 광고

8.
100년 전의 빵들

1) 고급 개떡보다 맛과 식감 좋은 '카스텔라'

 청나라 연행사와 서양 떡 이야기

우리나라 카스텔라의 역사는 꽤 길다고 할 수 있다. 『빵의 지구사』는 조선 숙종 시절부터 흥미로운 문헌 속 이야기를 다루고 있다. 숙종이 나이가 들어 힘이 없고 입맛도 없다 하니 신하가 입맛을 돌게 할 음식을 추천했는데, 연행사로 청나라에 갔을 때 외국 신부에게서 대접을 받은 서양 떡 이야기다. 청나라로 간 연행사 일행이 처음 맛본 서양 떡은 재료 구성으로 보아 우리에게 카스텔라로 친숙한 소프트 케이크 계열의 빵이다. 전통 음식인 떡에만 익숙했던 연행사 일행은 입에서 살살 녹는 게 신기해 음식 재료를 물어 기록으로 남겼다. 재료를 빠짐없이 기록했더라도 달걀 거품이 진하게 되도록 오래 저어 만드는 머랭을 모르면 재료만 배합해서 굽는다고 맛과 좋은 형태의 카스텔라가 나오기 어렵다. 우선 밀가루가 발효돼 부풀어지는 빵의 개념을 전혀 모르면서 떡과 전병에 익숙한 궁중의 숙수가 좋은 재료로 최선을 다했다고 해서 화덕이 아닌 아궁이에서 서양의 빵을 만들어 내기는 어려운 일이다.

대한제국 이후 빵이 보편화됐고, 〈동아일보〉는 1920~30년대 제빵 관련 기사에 눈길이 가는 다양한 삽화도 활용하면서 많은 지면을 할애했다. 제3회 연재에서 카스텔라 제법에서 달걀의 흰자위만 따로 거품이 나도록 저어서 만드는 법을 언급했으나, 기사의 내용만 가지고는 개별 가정에서 훌륭한 맛을 내기는 어려웠을 것이다. 다만 숙종이 먹었을 고급 '개떡'보다 훌륭한 맛과 식감의 카스텔라였음은 분명하다.

〈동아일보〉 1925.3.23.~4.28. 빵 만드는 법 六회

〈동아일보〉 빵 만드는 법 – 가스데라 만드는 법

〈조선신보〉 1932.1.26. 가수천라

〈동아일보〉는 처음엔 통상의 카스텔라 제법을 소개하고 차례로 림금(林檎) 카스텔라와 낙화생 카스텔라를 소개했다. 림금(林檎)은 사과를, 낙화생은 땅콩을 가리킨다. 카스텔라가 동양에서 보편화되기 전에 '카스텔라'의 음을 빌려 가수저라·가수천라로 불렀는데, 1932년 가수천라加壽天羅 명칭의 카스텔라 광고가 있다. 당시에 '카스텔라カステラ' 단어가 보편적으로 사용됐지만, 범선 형태의 포르투갈 상선 위에 원조라는 표기와 옛 용어 '加壽天羅'로 보아 400여 년 전 나가사키에서 시작한 카스텔라 원조 제빵소라고 밝히면서 후손 중 일원이 경성에다 분점을 열었을 가능성이 있다. (〈조선신문〉 1932.1.26. 가수천라)

1920년대 카스텔라는 낯선 외국식 표현 외에 '설고雪糕'라는 익숙한 한자어가 사용됐다. 당시 인천에서 서울의 학교로 기차 통학을 했던 회고기를 보자.

> 우리는 가스테라(설고)라는 과자를 스테이숀이라고 부른담니다. 한 학생이 정거장이란 말을 영어로 스테이숀이라고 한다는 것을 처음 배워 가지고 스테이숀 스테이숀 하고 외이다가 과자 가가에 가서 가스테라 달나는 말을 "스테이숀 주서요" 해 노아서 망신을 한일이 잇섯서요. 그래서 그 후부터 아조 가스테라를 스테이숀이라고 부르게 되엿담니다.
> ―『별건곤』 1927년, 기차통학汽車通學

인천에서 경성 상급학교로 기차를 타고 통학하는 학생이 많았고, 이들은 일찍 첫차를 타야만 지각을 피할 수 있었다. 그나마 인천은 조선총독부가 밀어주는 러일전쟁 승전기념지이자 관광지인 월미도가 있어 기차 편이 많았다.

북선北鮮 지역에서는 평양을 중심으로 주변 소도시 학생들이 기차로 통학했기에 인천 학생들처럼 아침을 거르고 뛰다시피 다니는 애환이 많았다. 1933년 〈동아일보〉 기사는 '평양-개천价川 간 기차 통학 학생 편리를 위하여 기차 시간을 조정할 것'이라고 전했다.(동아일보 1933.10.17.) 평양에 인접한 항구도시 진남포鎭南浦 역시 통학생이 많은 곳이라 학생을 위한 증편 기사가 있다.

기차를 타고 대도시로 통학하는 학생들은 그나마 형편이 나은 경우에 속했으나 아침을 거르고 기차역에 왔더라도 카스텔라를 먹는 여유로운 가정은 드물었을 것이다. 새벽별을 보며 기차역에 들어서던 통학생 시절 어쩌다 한번 사 먹었던 카스텔라의 맛과 향은 오래도록 기억에 남았을 것이다.

2) 호밀 아닌 밀가루에 설탕 첨가한 '러시아빵'

1800년대 연해주 조선 이주민이 현지에서 먹었던 빵은 전형적인 러시아 흑빵이었다. 호밀로 만들어진 빵은 거칠고 딱딱해서 따뜻한 수프나 차에 곁들여 먹었지만, 오랜 러시아 전통이 깃든 빵이다. 조선의 전통 식

흑빵과 발효음료 크바스 (AI 이미지)

문화에서 쌀, 조 등의 곡식을 발효시켜 술을 만들어 마셨다면, 러시아 흑빵은 '크바스'라는 발효음료를 탄생시켰다.

흑빵을 발효시켜 만든 크바스는 주로 여름에 만들어 마시는 알코올 1% 아래 함량의 거품이 있는 음료다. 연해주 이주민도 여름의 갈증을 풀어주는 시원한 음료에 점차 적응했을 것이다.

1800년대 후반부터 1900년대 초반의 러시아 접경지에서 연해주를 왕래하던 무역상이나 친인척 등은 전형적인 러시아 흑빵과 음료를 맛보며 살았는데, 1920년대 북선北鮮 지역에서 유행했던 러시아 빵은 이와는 확연히 구별된다. 전통적인 러시아 흑빵의 원료는 호밀이지만, 함흥·원산 등지에서 팔리던 러시아 빵은 밀가루에 설탕이 첨가된 것이었다. 이는 빵이 한반도 전역으로 확산했던 과정과도 궤를 같이한다. 물론 러시아 집단촌에서는 전통 흑빵을 만들었을 가능성이 있지만 호밀 가루를 수입하거나 재배하는 불편함이 따랐다.

3) 일제의 전시체제 구축 목적의 일반인용 '건빵'

건빵은 일본이 병사용 식량으로 일찍부터 개발을 서둘러 산업화를 이룬 품목이라 자료를 쉽게 찾을 수 있다. 당시 사람들의 생활 속에서 만나는 건빵과 관련한 이야기를 소개한다.

1940년 5월 평안남도 각 관청에서 점심에 건빵 식사를 강제한다는 소식이 전해진다. 2차 세계대전으로 절미운동이 본격화됐기 때문이다. 1940년 4월 20일 〈동아일보〉에 초등학교·중학교 아동의 도시락('벤또') 검색 소식도 전해졌다. 대용식 빵을 가져오는 학생 수와 쌀밥을 가져온 학생 수의 비율 조사가 목적이었다. 관청에서와 마찬가지로 학교에서도 점심으로 빵을 먹는 비율을 높이는 게 목적이었다. 군사용 건빵과 가정용 건빵은 차이가 있을 수밖에 없는데, 가정용 건빵은 감자가루와 쌀가루 등을 첨가해 식감을 높이는 방법을 권장했다. 각종 신문에서 건빵 만드는 법을 소개했는데 신문에 나온 방법대로 만들면 대체

〈동아일보〉 1940.5.23. 중학생 점심을 빵으로

로 딱딱한 건빵이 만들어졌다. 당시 잡지 유머란에 빵을 만들었더니 너무 딱딱해서 '딱딱한 밀가루'를 반품하는 우스개 이야기가 있을 정도로 건빵의 딱딱함은 보편적 현상이었던 것으로 보인다. 일본은 건빵이 쌀소비를 줄이는 목적 외에도 보존기간이 대략 1개월이라고 소개하며 비상식량으로도 활용할 것을 권고했다. 수분 비율을 줄여 딱딱한 식감이지만 보존기간이 늘어나 비상시를 대비할 목적으로 일부러 그랬을 가능성이 크다.

일제강점기에 '총후문학'이라는 단어가 있었는데, 이는 총을 들고 싸우는 후방에서도 전사의 마음가짐으로 문학을 한다는 뜻으로, 군국주의 일본이 추구하는 사회의 단면이었다. '철도빵'과 건빵은 쌀을 대체하는 단순한 식사의 개념을 넘어 국가 총동원 체제를 확인하는 지표 역할을 했다. 현대 사람들은 군대의 경험과 추억이 깃든 건빵 정도로 생각하겠으나, 100년 전의 건빵은 일본과 조선의 일반 국민 모두에게 아픈 기억으로 간직되고 있다. 일제강점기 강제징집과 징용 희생자의 회고에 건빵 이야기는 빠지지 않는다. 일본 패망이 가까워질 무렵 오키나와 사범학교 여자부와 고등학교 교사·학생으로 구성된 히메유리 학도대가 있었다. 이 학도대는 미군의 오키나와 상륙을 앞둔 1945년 3월 23일 15~19세 여학생 222명과 인솔 교사 18명으로 구성돼 육군병원 간호요원으로 복무했다. 이들 중 136명이 전사했는데, 일본 정부는 어린 여학생들이 자원해 입대했으며 강요에 의한 일은 아니라고 주장한다. 히메유리 학도대를 포함해서 일본군도 전투식량으로 건빵을 먹었다. 일본과

히메유리 학도대 동원 사범학교 1944년, 출처 나무위키

조선이 건빵을 같이 먹어서 공평했다는 의미가 아니다. 일본과 한국의 쌀소비 감소와 빵 소비 증가 양상 그래프는 기울기의 차이만 있고 매우 유사한데, 이는 식문화 변천에서 역사적 환경을 공유했던 시기가 존재한 영향이 크다.

4) 크기가 작아 비싸게 여긴 '현미빵'

현미빵은 과거 일본과 조선의 인기 상품으로 현재까지 일본 내에서 팔리고 있다. 예전의 인기만 못하지만 일본 현지 블로그에 '옛날식 현미빵'이라는 제목으로 과거의 모습을 재현해 맛보는 내용도 있다.

과거 현미빵의 외형은 호빵과 비슷하나 크기가 작아 한국의 안흥찐빵 형태와 비슷하고, 현미가 재료에 포함된 탓인지 색감에 노란빛이 나타나 있다. 1920년대 동경의 '조선 청년 유학 생활 회고기'를 보면 생활비를 벌기 위해 동경 시내를 돌며

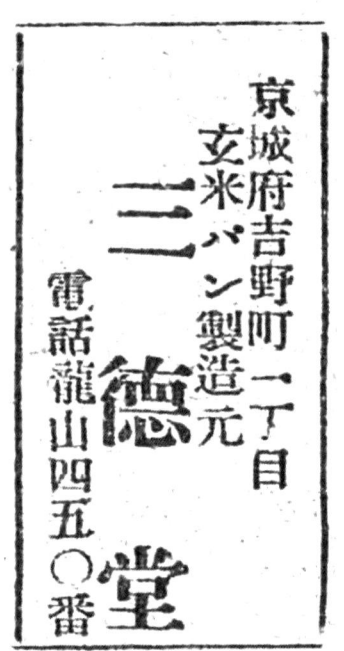

〈조선시보〉 1923.1.5. 현미빵 제조원 삼덕당 광고

현미빵 등을 파는 상황이 잘 나타나 있다.

> 소학교 아동이 방안에 갓처서 어머니만 귀찬케 들들 복가대다가 "겐마이빵! 호야호야노 겐마이빵!" 소리가 나면 와르르 몰려나와, 제각기 어머니 한 분식 끌고 밀고 나와서 한동리에서 5, 60개 내지 7, 80개는 번쩍 게눈 감추듯 한다.
> — 『별건곤』 1930년 2월, 印象깁흔 鷄林莊, 굴머본 이약이

위의 글은 대다수 동경 고학생이 경험했던 내용으로 경성의 현미빵 판매 양상과는 차이가 있을 것이다. 그러나 조선에서도 경성을 비롯해 평양에서 현미빵이 유행했다. 1923년 경성에서 현미빵을 대량 제조해 거리의 빵 판매상들에게 공급하는 '현미빵 제조원 삼덕당' 광고가 당시 유행 상황을 입증한다.(〈조선시보〉 1923.1.5. 삼덕당 광고) 현미빵 가격은 한 개에 5전, 즉 백동화 하나로 살 수 있었다. 5전은 마찬가지로 빈대떡이나 호떡 한 장을 살 수 있었다. 다만 크기에서 차이가 있었는데, 현미빵은 상대적으로 너무 작았다. 5전으로 점심 국수 한 그릇을 먹을 수 있었다는 사실로 상대적 가격 비교가 가능하다.

5) 호떡에 필적한 국민 간식 '호빵'의 역사

호떡은 중국에서 건너온 음식으로 오랜 역사가 있으나 호빵은 1970

년대 출시돼 겨울철 국민 간식 반열에 올랐기에, 호빵의 100년 이야기가 어떻게 성립하는지 의문이 생길 것이다. 호빵을 처음 먹던 기억을 따라가면 연탄불을 사용한 찜기 안에서 뜨거운 김이 모락모락 피어나는 장면과 코흘리개 어린이들이 삼삼오오 모여 놀던 1970~80년대 ○○상회 간판 아래의 정감 있는 동네가 연상되는 사람도 많을 것이다. 당시 호빵 찜기에서 나온 연탄재는 눈이 쌓여 빙판이 된 길 위에 깨트려 부수어서 지나다니는 사람들의 미끄러짐을 막는 유용한 재료로도 사용됐다. 대설 예보가 뜨면 염화칼슘이 뿌려지는 21세기 '부지런한' 대한민국 도로의 모습과는 사뭇 다르게 차는 적고 비포장 길을 따라 손을 호호 불어가며 걷는 사람들이 대부분이던 거리의 정경이었다.

바로 이 호빵과 비슷한 형태의 겐마이빵(현미빵)이 팔리는 모습은 호빵과 다르게 찜기가 아니라 보온 상자 안에서 어른들을 조르던 어린이에게 건네졌다. 사진에 보이는 '호야호야노 겐마이빵'은 따끈따끈한 현미빵이라는 뜻이다. 현미빵은 지방에서 경성 같은 대도시로 유학을 온 어려운 여건의 학생이 학비와 생활비에 보태쓰려고 애썼던 지금의 아르바이트와 같은 형태의 판매 품목으로 전국에서 유행했다.

현미빵의 크기는 호빵보다 훨씬 작았으며, 빵 가격이 높았던 시대적 상황을 반영해 빵 판매 수익은 궁색한 살림에 큰 보탬이 됐다. 잡지 『어린이』(1923년 창간)는 소파 방정환 선생이 어린이들을 위해 만들었는데, 여기에 1926년 「야구빵장사」라는 작품이 실렸다. 「야구빵장사」는 야구공 모양의 빵을 판매하는 게 아니라 야구를 좋아하는 어린이가 빵 장

〈매일신보〉 1923.2.4. 호야호야노 겐마이빵

사로 나선 사연을 담은 이야기다. 주인공은 보통학교 5학년(현재의 초등 5학년) 야구부원으로 소년가장인 친구가 교통사고로 입원하자 그 대신 빵 판매에 나섰고, 야구 응원가를 부르면서 빵을 판다는 내용으로 굉장한 인기를 끌었다. 당시 현미빵은 계절을 가리지 않고 판매됐으나 현재의 일본에서는 겨울철 호빵과 유사한 형태는 판매되지 않고 있다. 사진 왼쪽은 현재 판매되는 상품이고, 오른쪽의 약간 누런 호빵 또는 찐빵 모습은 옛날식 현미빵을 일본에서 만들어 먹었던 장면이다.

그렇다면 당시 생활상에서 호떡과 현미빵이 지금처럼 겨울철 간식의

일본의 현미빵 (AI 이미지)

대표주자로 손꼽혔는지 궁금해진다. 잡지 『개벽』 제39호 1923년 9월 1일 김성(金星)의 글 일부를 소개한다.

> 평양의 거리는' 4年前보다 퍽 달라젓슴니다. 새로 電車(전차)도 노히고 새 벽돌집도 더러 잇슴니다. 그러나 電車는 外國人의 밥버리통이외다. 번적 번적하는 새 집들도 모다 日人의 것이거나 中國人의 것이외다. 朝鮮人 시가에는 변한 것이 업슴니다. 다만 4年前에는 호떡쟝사가 만터니 지금에는 그것이 하나도 업서지고 거리거리에 '玄米빵' 소래로 가득 채와진 것이 그래도 변햇다면 변한 것입니다.

일제강점기 평양은 일본인이 많이 살던 도시로 일찍부터 빵이 판매됐다. 그보다 훨씬 전에 평양은 청나라 상인들이 활발하게 활동했던 북방의 문화·경제 중심지로, 호떡은 현미빵 이전부터 서민 생활 깊숙이 자리한 음식이었다.

일제강점기 평양에서 현미빵과 호떡은 5전 단위 언저리에서 판매된 것으로 보이는데, 양에서 큰 차이가 있었다. 호떡을 굽는 장면을 묘사한 글을 보면, 대게 커다란 무쇠솥 뚜껑 위에 한 장씩 구웠고, 크기는 '커다란 쟁반'으로 묘사한 기록도 있다. 예전 사람들은 보통 두 끼를 먹었고, 고된 일 사이에 먹는 새참이 있었다. 기계보다는 사람의 노동량이 많던 시대라서 한 번의 식사량은 많았고 단순한 군것질이라 하더라도 먹을 수 있는 양이 선택의 중요한 기준이었을 것이다. 즉 중소도시까지 널리 퍼진 호떡은 훨씬 서민 친화적 음식이었다.

〈동아일보〉는 1929년 10월 26일부터 11월 1일까지 6회에 걸쳐 '호떡장사 덕성이'라는 제목의 동화를 연재한다. 주인공 덕성이도 「야구빵장사」의 주인공과 비슷한 가정환경의 13세 어린이로 아버지를 잃고 바느질품을 파는 어머니가 아프게 되자 학교에 가지 못하고 호떡 장사로 나선다. 시간적 배경은 추운 겨울인 설날이며, 친구들은 설빔을 예쁘게 차려 입었지만 추레한 차림의 호떡 장사 덕성이는 호떡 판매는커녕 놀림을 당하지만, 훗날 멋지게 성장한다. '호야호야노 겐마이빵' 판매 사진을 보더라도 겨울철에는 형편에 따라 호떡이나 군고구마 등, 현대의 겨울철 대표 간식(군고구마, 호빵, 호떡, 붕어빵)과 같은 비슷한 선택지가 있었다. 모처럼 얻은 5전짜리 동전을 주머니 속에 쥐고 있는 1920년대 어린이는 신식의 현미빵과 커다란 호떡 사이에서 고민을 반복했을 것이다. 마치 예전보다 붕어빵 개수가 적어지고 호빵 크기가 줄어들자 슬퍼진 현대인의 탄식처럼 당시에도 겨울철 간식은 계절의 즐거움이자 삶의 활력소였다.

현미빵에서 호빵으로 진화해 100년여를 이어온 호떡과의 겨울철 간식 경쟁을 '백년전쟁'이라는 애교스러운 제목을 붙일 수 있다.

그러나 당시 한반도는 일본의 식민지였고 중일전쟁이 있던 시대였음을 간과할 수 없다. 일본은 청일전쟁의 승리로 중국의 요동반도를 얻었으나 이에 만족할 수 없었기에 1931년 만주사변을 통해 만주국을 세웠다. 일본 군국주의는 만주국을 세우기 이전부터 한반도 토지를 수탈해 만주 지역 등으로 이주시킨 조선 이주민과 중국인의 갈등을 촉발, 전쟁의 도화선을 만들려는 시도를 빈번하게 했고, 중국은 수세에 몰려 있었다. 한반도 안에서 일본 상인이 절대강자였지만 조선인과 비교해 상대적으로 부유한 위치의 중국 상인들은 식민지 조선인들의 원망과 적개심의 분출구로 선택됐고, 잡지와 신문 기사는 조선총독부의 속내를 충실히 반영했다. 1925년 4월 1일 『개벽』 58호 '형형색색의 경성 학생상'에서 일탈 학생들이 주로 드나드는 장소는 호떡집이고, '호떡 장사 淸人(청인)놈들은 학생의 환심을 사고 담배를 팔기 위하야 秘密吸煙室(비밀흡연실)까지 준비하야 두고 매일 학생을 유인한다'라는 내용으로 청나라 상인을 싸잡아 매도했다.

　신문에는 어린이들의 코 묻은 돈을 빼가는 청인 호떡 상사라는 내용 등, 부정적인 기사를 쉽게 발견할 수 있다. 심지어 개성에서는 보통학교 여학생이 선생님 심부름으로 호떡집에 갔다가 실종됐고, 10여 일 뒤에 커다란 궤짝에 여학생을 메고 가던 청인이 붙잡혔다는 소문이 돌았으나 사실이 아니었다는 〈동아일보〉 기사(1925.3.17.)도 있다. 1923년 9월 1일 발생한 관동대지진 때 "동경 부근의 진재震災를 이용해 조선인이 각지에서 방화하는 등 불령不逞(불평불만이 많아 멋대로 함)한 목적을 이루려고 하여, 현재 동경 시내에는 폭탄을 소지하고 석유를 뿌리는 자가 있다"라는 조작 소문으로 수많은 조선인이 분노한 일본 군중에 의해 학살됐다는 사실을 상기하면, 단순한 풍문 기사로만 읽을 수 없는 시대였

〈개벽 제58호〉 1925.4.1. 형형색색의 경성학생상

다. 호떡에 무슨 죄가 있을까마는 일본은 미개한 조선을 개화시킨다는 명분으로 침략했듯, 호떡 장사에도 야심을 투영시키며 중국 진출 명분을 쌓고 있었다. 이러한 '가짜뉴스'는 결국 청나라 상인들을 수많은 죽음과 행방불명 사건으로 몰아가게 했다.

일본 군국주의 아래에선 조선이나 중국이나 모두 피해자일 수밖에 없고, 힘겨운 시기였지만 간식을 마주한 학생들의 모습은 지금과 크게 다를 바 없다. 1932년 11월 1일 『별건곤』에 실린 '학생란'을 보자.

> 겨울이 차저오면 제일 인상깁흔 것이 호떡이다. 밤에 외출하엿다가 도라오는 길에 호떡을 두어개 사서 신문지에 싸가지고 도라와 이불속에서 먹는 것은 별미다. 극장에 갓다오다가 호떡집으로 뛰여드러가 언손을 녹여가며 군떡을 뜨더먹는 맛, 역시 별미다.

위의 글을 쓴 학생은 지방에서 유학을 왔는데 고향에서 돈이 오면 비싼 요리도 좋지만 값싸고 배부른 호떡을 찾게 된다는 등, 재미있는 기록을 남겼다. 1920~30년대는 비록 일본을 등에 업은 빵이 위세를 떨치기는 했으나 가격과 양에서 우위를 점한 호떡의 판정승이다.

그러나 1970년대가 되면 삼립식품 창업자 허창성은 회사의 명운을 뒤바꿀 명작을 만들겠다는 각오로 지금이라면 납치, 노동착취로 처벌을 받을 수 있는 엄청난 강수를 둔다. 제빵직원들에게 '전국을 휩쓸 대작이 나오기 전엔 집에 못 간다'라는 배수진을 치고 6개월여 사투 끝에 연탄불 찜기를 사용한 호빵을 내놓게 된다. 과거의 현미빵과 차원을 달리하는 시각적 효과와 손이 뜨겁고 볼이 데는 정도의 오감을 강타한 대작으로 크리스마스 캐럴과 같은 겨울철 상징이 됐다. 당시 호빵의 인기는 하늘을 찔렀고 호빵을 구하기 위해 업자들은 회사 문전에 장사진을 치고 심지어 가방에 돈을 가득 넣고 회사 담장 너머로 던지며 물량을 받으려고 애썼다는 전설 같은 일화를 남긴 겨울철 '국민 간식' 탄생의 순간이었다.

6) 절미운동 일환으로 잡곡 이용한 '애국빵'

1941년 1월 13일 〈매일신보〉는 절미운동의 일환으로 매달 10, 20, 30일 세 차례에 걸쳐 '애국빵'을 판매할 예정이며, 밀가루가 주성분인 흰 빵이 아니라 콩가루·수수가루·감자가루 같은 잡곡을 이용해 만들었다는 기사를 냈다.

> 여러분은 오늘날까지 혼식을 해왔으며 따라서 여러 가지 대용식도 해왔습니다. 그리하여 조흔 성적을 내고 잇거니와 그중에도 '빵' 대용식은 상당히 조흔 성적을 내고 있습니다.

애국빵에 관한 〈매일신보〉 기사는 쌀 대용식 이용 상황을 알려주는 내용으로 시작해 잡곡에 흑설탕을 첨가한 빵 이용을 권하고 있다. 기사

〈매일신보〉 1941.1.13. 애국빵

〈매일신보〉 1940.1.9. 흑빵먹는 독일사람

논조는 단순한 권유처럼 보일지라도 시대적 상황에서 보면 조선총독부의 강제력은 상상을 뛰어넘는 체계를 갖추고 있었다. 1940년 1월 9일 신문 기사는 식품 연구가와 이화 전문 교수 등 전문가 대담 형식으로 독일 흑빵을 주제로 영양이 좋다며 잡곡을 사용한 빵을 권장한다. 1941년 기사는 1940년 기사인 독일 흑빵에 이어 애국빵이라는 강력한 계몽 주제를 만들고 잡곡빵을 밥 대신 먹도록 유도했다.

메이지유신 후 급성장한 일본은 1900년 인구수 4380만에서 1918년 5480만으로 증가했다. 19년간 25%가량 증가했으며, 산업 발달과 군국주의 확장으로 청년인구는 군대와 산업인력으로 빠져나가 군량미 수요가 불어난 상황에 더해 농업 생산성은 인구증가율과 수요를 뒤따르지 못했다. 결국 일본은 쌀 부족과 가격 폭등 사태에 직면했고, 교토와 나고야를 중심으로 성난 군중이 쌀 가게와 유통회사를 불태우는 등, '쌀소동'이라는 폭동 상황을 맞이한다. 다급해진 일본은 조선의 쌀을 수탈했고, 힘없는 조선 사람은 땅과 곡식을 빼앗겨 연해주나 만주 등으로 쫓기는 디아스포라에 내몰렸다.

식민지의 처참한 상황은 3.1운동에도 영향을 미치게 된다. 일본도 대책 없이 시간만 보낸 상황은 아니었고 일찍부터 혼분식 권장 등, 다방면에 걸쳐 대책을 수립해 시행하고 있었다. 일례로 곡물 가격이 높았던 시기인 1차 세계대전 때 조선총독부는 1916년 주세령(酒稅令)을 시행했다. 논문 「일제강점기 주세령(酒稅令)의 실체와 문화적 함의」(이화선, 구사회)는 '식민지 조선에 대한 일제의 관심은 다분히 자원 수탈과 세수 확충에 있었다'라는 설명과 함께 조선에서 거두어들인 조세수입 가운데 주세가 차지하는 비중이 1910년 2.0%에서 1935년에는 30.4%로 급격하게 상승했다고 전했다. 주세령은 술의 주재료인 쌀의 사용을 억제함과 동시에 세금을 걷는 두 마리 토끼 효과, 즉 일거양득이었다. 군국주의 일본은 자원 수탈을 위해 여러 제도적 장치를 만들었고 폭력적인 시행 과정을 통해서 효과적인 자원 통제를 넘어 군비 확장의 재원까지 마련했다.

조선 후기 유교 사회의 뿌리 깊은 제사 문화는 함경도에서 제주도에 이르기까지 집안마다 다양한 가양주家釀酒 전통을 만들었으며, 쌀이 제사상에 올리는 술의 주원료였다. 조선총독부의 확고한 목적 아래 주세령이 시행됐으나 제사를 지낼 때 필요한 가양주 전통은 쉽게 사라지지 않았다. 1930년 통계를 보면 형사재판 사례에서 절도 5267명, 사기 1295명, 수세령 위반 6911명으로, 절도와 사기를 더한 숫자보다 속칭 밀주密酒 처지로 내몰린 가양주 단속이 많았다. 특히나 주세령 위반을 단속하는 과정은 매우 가혹해서 원성이 높았다. 조선총독부 주세령 시행 결과 조선의 가양주 전통문화는 위축돼 사라졌고, 현대 일본의 사케는 700년 역사를 자랑하는 관광상품으로 남아있다.

일제강점기 조선에서 생산된 쌀은 1920년 175만 석, 1924년 472만 석, 1928년 740만 석 규모의 기하급수적 증가추세로 일본에 반출됐다. 쌀이 주식인 조선과 일본에서 쌀 수요를 대체하기 위해 선택된 식품 중에서도 빵은 군대 건빵납품 등 대규모 생산 체제 확립의 필요성까지 더해져 조선총독부의 정책적 지원과 강압적 수단을 등에 업고 조선의 중요한 대체식량으로 부상했다.

　이처럼 아궁이를 사용하던 쌀 문화권에서 화덕에 빵을 굽는 이질적인 식문화가 정착되는 과정은 강압적이었고, 현재 우리가 먹고 싶어 빵집이나 마트에서 가볍게 집은 빵과는 다르게 무력으로 지배되던 일제강점기의 역사적 배경과 군사적·산업적 이해가 자리했다. 동요 '낮에 나온 반달'로 널리 알려진 윤석중의 1929년 시 「허수아비야」는 고향에서 쫓겨나고 쌀을 빼앗긴 조선의 정서를 압축적으로 표현한다.

　　허수아비야 허수아비야
　　여기 쌓였던 곡식을 누가 다 날라가디?
　　순이 아버지, 순이 아저씨, 순이 오빠들이
　　온 여름 내 그 애를 써 만든 곡식을
　　가져간다는 말 한마디 없이 누가 다 날라가디?
　　그리고 저, 순이네 식구들이
　　간밤에 울며 어떤 길로 가디?
　　이 길은 간도 가는 길
　　저 길은 오사카 가는 길
　　허수아비야 허수아비야
　　넌 다 알 텐데 왜 말이 없니?
　　넌 다 알 텐데 왜 말이 없니?

7) 철도국 운영 호텔과 열차 식당서 판매한 '철도빵'

빵을 판매하는 장소 중 철도역은 교통의 중심지로 식사와 도시락을 판매했는데 샌드위치가 주메뉴였으며, 철도를 따라 중심역에 끽다점이 조성됐다. 1899년 경성과 인천을 오가는 철도가 처음 만들어졌을 때 현재 서울역의 전신인 경성역은 존재하지 않았다. 철도노선 확장과 더불어 이용객이 많아지자, 경성의 중심지인 남대문역에도 현대의 카페나 편의점 같은 기능이 필요해진다. 1909년 11월 3일 〈황성신문〉은 11월 1일 남대문 정차장에 끽다점이 개설됐다는 소식을 알렸다. 또한 끽다점 이용객 수가 743명이라며 음식료 수입과 연초(담배) 판매액 수입까지 자세히 밝혔다.(〈황성신문〉 1913년 8월 7일) 남대문역 끽다점은 나중에 경성역이 만들어지면서 박태원의 『소설가 구보 씨의 일일』의 배경인 경성역 티룸으로 발전한다. 1920년대에 들어서면 나혜석 부부처럼 부산역에서 출발해 유럽으로 여행을 갈 수도 있었는데, 만주를 거쳐 북경을 가는 철도의 역할은 분단국가인 지금과 사뭇 달랐다. 장거리 여행객을 위해 철도 편의시설에서는 도시락과 카스텔라 등을 판매했고, 중요 여행코스에는 철도국 직영 금강산호텔 같은 숙박시설도 만들어 운영했다. 당시 철도와 항만은 물류와 여행의 중추를 담당했으며, 이는 농어촌인구가 대다수였던 시절 신문물을 접하는 통로이자 현장이었다.

철도에서 판매하는 음식의 변천사는 사회환경 변화를 빠르게 반영하는 거울이기도 했으면서 변화를 선도하는 역할도 수행했다. 1910년대 이광수의 소설 『무정』의 등장인물이 기차여행 중 샌드위치를 처음 접하는 장면 묘사는 사람들에게 강한 호기심을 일으켰으리라. 열차 이용객이 먹을 빵 가격과 중량의 변화까지 기사로 자세히 나오는 시대였고, 그만큼 열차의 역할은 컸고 빼놓을 수 없는 관심사였다.

1939년 12월 1일 〈동아일보〉는 철도국이 운영하는 호텔 구내식당과 열차 식당에서 판매하는 신제품 빵 소식을 전했다. 1944년에는 밀가루, 과즙, 어분, 해조류를 섞어 만든 신제품 '철도빵'을 개발해 열차 안에서 판매한다는 기사가 나왔다.

〈매일신보〉 1944.5.22. 맛잇는 철도빵 이십일부터 열차안에서 판매

8) 밀가루에 잡곡 섞고 호박·과일 얹어 만든 '찐빵'

일본이 식민지 대부분을 차지하는 농어촌에 찐빵 제조법을 홍보하고 체험교육을 시행했던 때는 1930년대 후반이다. 중일전쟁 이후 미국과의 전쟁으로 확대되면서 물자가 부족하고 병사용 쌀 공출이 심해지면서

농가에는 대체 곡식인 밀가루가 대량 공급됐다. 미국과 호주에서 수입되던 밀에 전쟁과 무역장벽으로 변화가 생겼고, 만주산 밀이 대거 유입됐다. 따라서 제빵에 적합한 강력분은 부적합한 중력분으로 변모한다. 군국주의 일본은 밀가루에 콩이나 잡곡을 섞고 호박·과일 등을 얹어 만드는 찐빵을 주로 홍보했다. 빵이라고 부르기에는 매우 거칠고 조잡한 방법으로 보이지만, 베이킹파우더와 설탕을 사용해 식감을 개선하는 형태였다.

당시 밀가루 유통 양상을 보면, 제분 회사 밀가루 외에 농가에서 직접 수공업적으로 생산한 밀가루도 상당했다. 특히 농촌지역에서는 우리밀도 제빵에 사용됐다. 밀 재배 면적이 넓은 북선 지역에서는 국수나 빵을 만드는 과정에 많이 사용됐을 것이다. 1930년대 후반 함흥 지역을 여행했던 문인이 국수를 먹으면서 거친 식감을 언급한 섬에 비추어 볼 때 수공업 방식으로 생산된 밀가루로 짐작된다. 어쩌면 예전에 밥을 지을 때 밀가루 반죽을 얹어 만들어 먹던 '개떡'도 이때부터 발달한 방법일 가능성이 있다. 다만 우리가 맛보던 개떡보다는 훨씬 거칠었으나 더 나은 건강식품에 속했을 것이다. 도시의 제과소가 아니라 농촌에 소재한 제과소는 우리밀을 사용했을 가능성이 있다. 1940년대가 되면 물자 부족으로 총독부의 통제하에 물자 공급이 이루어졌기에, 일본인 경영의 제과소가 아닌 조선인 제과소는 특히 설탕 배급이 원활하지 못한 탓에 상업성 있는 빵이나 과자 생산이 어려웠다. 결국 서양의 전통적인 제빵 방식보다는 현실적인 여건에 적응하는 방법으로 제빵의 현지화 쪽으로 변모하는 과정이 나타났으리라.

9) 술지게미로 발효시켜 쪄서 만든 '술빵'

술빵은 밀가루 반죽에 술 생산과정에서 나온 부산물인 술지게미를 활용해 발효시킨 뒤 쪄서 만든 빵이다. 우리의 전통 식문화인 떡 중에서 이른바 '술떡'이라고 불리는 증편이 있어, 방법적인 면에서 술빵이 이색적인 음식은 아니다. 그러나 서양에서 보면 아궁이에 쪄서 만든 빵이기에 화덕에서 구운 빵과는 확연히 구별된다. 고대 이집트에서도 효모를 사용한 맥주 생산지 옆에 빵 공장을 두고 밀가루 반죽 발효와 생산과정을 효율화했으므로 술을 사용했다고 특별할 일은 없다. 술빵에서 서양과 큰 차이는 화덕에 굽지 않고 쪄서 만드는 방식에 더해 설탕을 많이 사용했으면서도 밥처럼 식사 목적인 점이다.

엉뚱한 소리로 들릴 수 있겠지만 프랑스 빵 바게트는 법으로 물, 밀가루, 소금, 이스트 외에 어떤 재료도 사용할 수 없게 규정했다. 우리가 주식으로 먹는 밥을 지을 때 꿀물이나 설탕을 넣지 않는 것과 같은 이치로 보면 된다. 물론 한국 법률에 '밥 짓는 법' 조항은 없으나 가정에서 밥 짓는 우리의 문화와 화덕을 개별 가정마다 둘 수 없어서 빵집에서 사야만 했던 서양의 식문화 발달 과정 사이의 차이를 알면 이해된다.

앞서 소개한 '애국빵'은 잡곡에 흑설탕을 넣어 만든다. 당시 '독일에서 흑빵이 처음엔 거부감이 있었으나 지금은 도리어 잘 먹는다'라는

1940년 기사를 보더라도 빵이 대용식으로써 밥과 비교되는 '맛'의 문제는 일본 당국자들의 큰 고민이었다. '애국빵'처럼 술빵 역시 출발은 대용식 개념이었고 처음부터 호응이 있지는 못해 긴 시간에 걸쳐 정착된 음식이다.

먼저 1935년 12월 12일 〈동아일보〉 기사 '요새 식빵은 웨 맛이 없나?'를 보자. 식빵은 서양 음식으로 캐나다·호주산 밀을 사용했으나 요즘은 좋은 밀을 전혀 구할 수 없어서 빵 품질이 달라졌다는 내용이다. 1930~40년대는 대공황과 전쟁 등으로 곡물 가격이나 수요가 급변하던 시대였으며 세계적으로도 식량 공급이 안정적이지 못했고 대체로 부족했다. 1930년대 중일전쟁까지 치르던 일본으로 쌀이 반출되면 부족한 곡물은 중국·만주산 밀 등으로 채워졌는데 우리밀을 포함해서 이들은 글루텐 함량이 낮아 제빵에 적합한 밀은 아니었나. 일본이 쌀을 수탈하더라도 관리지역이던 식민지 백성 역시 먹고살아야 했다. 밥과 비교해 훨씬 떨어지는 식감과 맛을 가진 '잡곡팡'을 대용식으로 만드는 과정에서 설탕은 꼭 필요했으며, 이런 배경 등으로 1920~30년대 설탕 소비는 급증했다.

1920년대 초반부터 이미 각종 신문과 잡지는 빵 종류와 다양한 제빵 기사를 내보냈고 대용식 문화를 확대했지만, 큰 문제가 있었다. 당시 문맹률은 80% 정도로 글을 읽을 수 없는 사람이 대부분이라 신문·잡지에서 아무리 떠들어도 파급력에 한계가 있었다. 1939년 12월 잡지 『農民生活농민생활』에는 '필수의 대용식품: 팡 만드는 법(방신영)'이라는 기

〈동아일보〉 1935.12.12. 요새 식빵은 왜 맛이 없나

사가 실렸다. 이 기사에서는 '찌는 떡' 재료와 만드는 법을 상세히 소개하는데, 내용은 밀가루 반죽에 베이킹파우더를 사용해 부풀린 후 시금치나 콩, 호박, 감자 등을 고명으로 사용해 둥그렇게 만들어 찌는, 즉 현대 술빵의 원형을 재료별로 소개했다. 대체식 '잡곡팡'도 찌는 떡 세 종류와 함께 소개된 메뉴였다.

 만드는 방법에서 공통적인 특징 하나는 설탕을 넣을 때 '큰사시'를 이용하라고 지시한다. 큰 숟가락에 설탕을 수북하게 뜨고 특히 '잡곡팡'은 네 번으로 많이 사용하라는 뜻이다. 전통적인 방식의 찹쌀로 만든 떡은 설탕을 넣지 않아도 단맛이 있다. 밀가루나 잡곡을 사용해서 전통적인 밥과 떡을 넘어서기 어려워 설탕의 힘을 빌려서 쌀을 대체하는 효과를 얻으려는 노력이다. 베이킹파우더 사용, 즉 만드는 방식을 보면 빵인데 떡이라는 이름을 붙인 것은 농민 계몽을 통해 쌀 소비를 대체할 목적으로 익숙한 개념을 도입한 것으로 보인다.

 일본이 신문이나 잡지에서 대체식을 '칼로리가 높은 영양식'이라는 과학적 근거를 대며 홍보했기에 열량이 높은 설탕은 매우 중요한 요소였다. 당시 캐러멜 광고를 보면 칼로리가 높다는 점을 부각해 마치 건강식처럼 홍보하던 시절이었다. 조선총독부는 효율적인 지배를 위해 다양한 매체를 사용했으나 커다란 장벽 중 하나가 높은 문맹률이었기에 농촌은 직접적인 대민 접촉이 필수적이었다. 1940년 5월 황해도 전역에서 '찐팡 대용식 장려 부인 강습회'가 열렸다. 대상은 도내 각 주요지의 중견 부인층으로 옹진군(83명), 장연군(52명), 겸이포(98명), 연백군(52명)

등 10개 권역에서 총 552명에게 강습을 진행했다.

〈매일신보〉 1940.5.10. 찐팡대용식

조선총독부의 지배력은 농촌지역까지 구석구석 미쳤으며, 그들은 효율성을 위해 군국주의 일본 본토의 기본 정책에도 융통성을 발휘하고 있었다. 1940년대는 조선어 말살 정책에 기반해 모든 기관과 일상에서 '국어(일본어)' 사용을 강요하고 조선어 사용을 엄격하게 통제했던 시절이다. 그러나 높은 문맹률이라는 현실 문제 앞에서 1943년 조선어 영화를 제작한 당위성을 설명하는 장면이 있다.

> 징병제도라는 특수 사항은 극히 민도가 낮은 말단까지 매우 급속하게 퍼져야 합니다. 이에 관련해서, 예를 들면 징병제도는 어떤 것인지, 수속은 어떻게 하는 것인지를 국어를 모르는 사람들에게 보여주기 수단으로 조선어를 사용하는 것도 어쩔 수 없습니다. 오히

려 조선어로 만드는 것이 효과적이라는 생각에서 특별히 한쪽에서는 국어 영화를 만들면서 다른 한쪽에서는 조선어로 만드는 영화들이 실제적으로 제작되고 있습니다.

이 글은 '좌담회: 조선 영화의 특수성'에서 조선총독부 영화검열실의 이케다 구니오가 말한 내용이다. 조선총독부의 농촌 통제는 매우 체계적이었으므로 쌀 반출로 인한 식량 공백은 밀가루와 잡곡으로 대체됐고 그에 맞는 식문화가 보급됐다. 설탕의 단맛은 쌀과 대체식의 간격을 메우는 매우 중요한 요소였으며 '칼로리 높은 좋은 식단'이라는 과학적 근거까지 만들었다. 이는 서양의 주식인 빵의 발달 과정에 비교하면 간식이나 군것질 형태의 음식이다. 조선의 빵 대중화 과정에서 빼놓을 수 없는 후방산업인 제분과 제당산업 변화는 뒤에서 다루고자 한다.

술빵으로 돌아와서, 조선총독부가 술을 사용한 빵을 홍보할 수 없었던 이유는 앞서 주세령에서 설명했다. 그들은 부득이하게 농촌에서 빵 대신 떡이라는 친근한 명칭을 사용했으나 재료 중 '베이킹가루'라는 낯설고 어려운 개념의 용어를 사용해야만 했다. 전통문화인 가양주는 밀주密酒라는 이름으로 매우 강한 처벌을 받았다. 당시 이천세무서는 1941년 2월 1일부터 2월 28일까지 밀주 업자 단속을 시행해 22건을 적발했는데 음식업은 1건이고 나머지는 모두 농가였다는 기사가 있다. 일제강점기 주세령으로 통제됐던 가양주는 해방과 함께 잠시나마 부활의 시기를 맞이한다. 그리고 신문 기사는 빵 제조에서 베이킹가루가 아

〈매일신보〉 1942.10.06. 밀주자는 엄벌

니라 술을 넣으라는 내용으로 바뀌게 된다. 농촌인구가 대다수였던 시절 베이킹가루 사용보다 훨씬 효과적인 빵 제조법에 일본의 주세령 족쇄가 풀렸기 때문이다.

일본이 물러나고 미군정이 들어섰어도 여전히 쌀은 주민들 품으로 돌아오지 못했지만, 빵 만들기에 적합한 서양의 밀가루가 배급됐다는 점이 술빵 확산의 변곡점이 된다. 당시 쌀 부족은 사회적으로 중요한 문제였으나 여기서는 논외로 하겠다. 미군정 시기에 보급된 밀가루는 일제강점기 만주산 밀 등에 비해 먹음직스럽게 부풀어 오르는 훌륭한 빵을 만들 수 있었고, 설탕의 대체품인 사카린의 보급은 술빵이 대용식으로 남한 지역에서 널리 보급되는 과정에 큰 몫을 했다. 일제강점기를 지나 해방이 되고 한국전쟁을 거치면서 밥을 마음대로 먹지 못해 배가 고팠던 긴 역사의 우여곡절 속에서 토착화된 술빵이지만 지금은 추억이 담긴 음식 중 하나다. 쌀 소비가 줄고 베이커리 카페가 대중화된 지금 설탕 함량이 많은 빵을 자연스럽게 소비하는 현상이 어디서 비롯했는지 인식하려면 빵을 주고 쌀을 가져가려는 강압적 힘이 작용했다는 시대적 배경을 알 필요가 있다.

9.
굶주린 배를 채웠던
여타 음식들

1) 찹쌀수접이와 밀수제비

수제비는 21세기 대한민국 가정에서 쉽게 만들어 먹는 친숙한 음식이자 분식집 단골 메뉴에 속하는 서민 음식이다. 수제비라는 음식의 유래를 찾아보면, 수접이와 수제비가 시기에 따라 구분되는 점이 있으면서도 같은 용어로 쓰였다. 수접이의 유래는 임진왜란 때로 거슬러 올라가며, 수접이를 만드는 재료는 찹쌀이다. 1938년 신문 기사는 찹쌀로 만들던 수접이의 유래를 밝히면서 시대 변화 속에서 밀수접이로의 대중화 과정을 보여준다.

〈동아일보〉 1938.8.15. 밀수접이의 유래

　이 기사를 보면, 찹쌀수접이를 떡국으로 칭하면서 닭국이나 곰국 등 다양한 형태로 만들 수 있으나 보통은 미역국으로 만들있다고 말하고 있으니, 21세기 수제비와는 다른 음식처럼 여겨진다. 즉, 초창기 수접이는 서민 친화적인 음식으로 보기 어렵고 예로부터 특별한 날에만 먹을 수 있는 귀한 음식으로 전승됐다. 1948년 〈자유신문〉 기사에서도 서민들은 동지 팥죽에 새알 수제비를 넣어 만들기 어려운 형편임을 말하고 있다. 두 기사에서도 보듯이 찹쌀로 만든 수접이와 수제비가 매우 오랜 전통을 가졌고 아무 때나 먹는 음식이 아님을 알려준다.

〈자유신문〉 1948.12.21.
새알 수제비도 옛이야기

그러면 언제부터 지금 우리가 먹는 밀수제비로 보편화됐을까? 1938년 〈매일신보〉에 절미운동節米運動의 방법으로 쌀 대신에 수제비를 먹자는 계몽용 기사가 실렸다. 쌀밥을 줄이고 반찬을 늘리거나 수제비 등으로 부족한 식사를 대체하자는 내용이다. 1938년 기사는 밀국수나 밀수접이를 만들 때 콩가루를 섞으면 영양이 풍부해지고 맛도 좋아진다는 내용을 말하고 있다. 밀로 만든 수제비와 수접이를 설명하는 기사들이다. 즉 1930년대 후반 찹쌀수제비에서 밀가루와 잡곡을 섞은 수제비가 권장됐고 해방 이후 대량 원조가 이뤄졌던 밀가루 활용 과정에서 현재의 수제비로 정착됐음을 추론하게 한다.

쌀이 주식인 문화에서 밀과 잡곡 등 대체 곡물 식단으로 변화되는 과정이 짧은 기간에 군국주의 일본 정책의 강압적 실행이 이루어지면서 과거 전통 음식을 변용한 시도가 이뤄졌고, 그중

〈매일신보〉 1938.12.5. 밀국수 수접이

〈매일신보〉 1939.10.10. 쌀밥대신 수제비

에서 서민들의 사랑을 받으면서 살아남은 서민 음식이 수제비라 하겠다.

2) 성인 간식 '빈대떡'

호떡이 학생과 어린이들에게 인기를 끌었다면 빈대떡은 상대적으로 성인 간식이라 할 수 있다. 빈대떡은 인력거꾼 등의 간단한 식사가 됐고 탁주와 곁들여 판매된 서민 술안주의 대명사였다. 1920년대 초 원산에 사는 한 여인의 남편은 살던 집을 담보로 돈을 빌려 북간도로 도망가 새살림을 차렸다. 일순간에 어린 자녀, 시부모와 함께 거리에 나앉게 된 여인은 삯바느질로 연명하다 일수로 3원을 얻어 빈대떡 노점상을 했고 14년 만에 생활이 안정됐다. 어린 자녀들도 보통학교를 졸업시킨 모범사례로 신문에도 나오게 됐다.

3) 싼 가격에 배부르게 먹을 수 있는 '팥죽'

장터나 거리에서 싼 가격에 고른 음식으로 배부르게 먹을 수 있을까? 이 문제가 가장 중요했던 시절이다. 팥죽도 선택된 음식 중 하나였는데 팥을 불려 삶는 과정에 노동력이 많이 투입되나 당시는 노동력이 값싸고 중노동이 당연시됐던 시절이다. 1920년대 경성 거리에선 팥죽을 나누는 종교 행사가 있었고, 현재도 이 풍습은 유지돼 불교계 사찰에서 신도회를 중심으로 도심과 시골 모두에서 진행된다.

〈동아일보〉 1936.2.29. 팥죽, 빈대떡 장사로 일가를 부흥시킨 과부들

〈동아일보〉 1936.2.29. 팟죽돌이

　원산 거리에서 팥죽을 파는 행상의 메뉴를 보면, 아침에는 팥죽, 점심에는 국수다. 원산 부둣가나 장터를 돌면서 팔았다. 아마도 새벽 일찍 나오는 부두 노동자나 장돌뱅이가 아침 팥죽을 먹었으리라. 저녁에는 빈대떡 등을 팔았다는데 오후에 파장하면 탁주에 빈대떡이 허기를 달래주고 떠들썩한 장날 풍경을 만드는 자리가 됐다. 이런 장사를 위해서는 밤새 맷돌을 돌려 메밀국수와 빈대떡 재료를 만들어야 했는데, 홀로된 여인 둘이 역할을 분담해 자녀들을 교육해 집안을 일으켰다는 내용으로 신문에 보도됐다.

4) 서민의 불만을 잠재우려 한 '수입쌀'

군국주의 일본의 쌀 부족 문제는 조선의 쌀 반출만으로 해결되지 못했다. 오히려 식민지 조선 주민의 불만을 키워 3.1운동의 격렬함을 더해주는 상황에 직면했다. 이러한 문제 해결 방법의 하나로 1910년대부터 수입쌀이 대두된다.(〈부산일보〉 1918.12.1. 외미外米를 대수입大輸入하자) 수입쌀을 '외미'라 불렀고, 1920년대가 되면 외미 수입이 늘어난다. 쌀이 부족했던 상황에서 외미가 늘어나도 막상 쌀로 밥을 짓는 사람들에게는 그다지 환영받지 못했던 상황으로 보인다. 외미는 밥 짓는 방법에서부터 국내산 쌀과 차이가 있었다.(〈부산일보〉 1918.5.14. 외미로 밥 짓는 방법) 식감과 맛의 차이도 있었으나 조상님 제사상에 올릴 술을 외미로 빚는다는 것은 생각하기조차 어려운 일이었을 것이다.

〈매일신보〉 1925.3.5. 외미 이입 왕성

총독부는 조선에서 생산된 쌀 반출로 발생한 문제 해결을 위해 각 가정에 여러 해결책을 제시했다. 예를 들면 외미의 부족한 영양소를 알리고 이를 보충할 반찬 종류를 구체적으로 언급했다. 당시 총독부 조선어 기관지 역할을 충실히 수행한 〈매일신보〉에 기사가 나오면 단순한 보도가 아니라 강력한 지침이 됐다. 지역단위에서 구체적으로 수입쌀 사용 확대 방안과 지침을 발표한다. 1941년 함경북도 식량대책위원회는 '외미外米 밥 짓는 법法 이러케 하시면 썩 맛잇게 됩니다' 주제로 구체적인 조리 방법을 발표했다.

〈매일신보〉 1940.6.25. 외미와 비타민B

아십니까 外米밥짓는法

……이러커하시면썩맛잇게됩니다……

咸北道食糧對策委員會서 宣傳

【咸北支社發】 함북도식량대책회에서는 十二일 외미(外米)를 맛이게짓는법을 다음과가치발표하엿다

一, 물은 짓는쌀과 가튼분량의 물에 외미의 五할만크름의 물을 더부을것 (례를들면 외미 二할이면 물은 二할이상으로 할것)

二, 외미는 특히건조하여 잇슴으로 수분을 흡수식히기 위하야 짓기전에 적어도 한시간이상을 물에 잠구어둘것 (이 이상잠구어도 물은 흡수 안됩니다)

三, 짓는법은 불째기시작하야올때까지는 세게째이고 쓸으면 잘저어서 보통불로하고 뚝겅을열어 노코 · 계속째야합니다 자즈면불을 약하게하야 쓱다 나종一분간쯤 다시큰불로하야 경을넙허서 약五분간쯤 찐다음 불을끄고 一분간쯤 그냥내버려두면 맛잇게지어집니다

〈매일신보〉 1941.9.16. '아십니까 외미로 밥 짓는 법'

10.
빵 굽는 화덕

　빵이나 과자 등을 만들려면 화덕이 필요하다. 현대의 빵집은 전기오 븐을 이용해 타이머를 조절하면서 편리하게 사용하지만, 과거에는 숯불 을 사용하는 경우가 대부분이었다. 물론 대규모 제과 회사는 예외이고, 석탄을 이용하는 화덕도 있겠으나 1920~30년대 소규모 과자점은 숯불 을 사용했던 탓에 화재 사건이 빈발했다. 평양 송죽과자점 화재는 숯불 을 잘 끄지 못해서 일어났다는 〈동아일보〉 기사는 이를 뒷받침한다.(〈동 아일보〉 1930.9.10.)

　서양에서 화덕이 빵·피자·과자 등을 굽는 용도라면, 조선의 화덕은 대개 크기가 작은 형태로 서양과 차이가 컸다. 호떡 굽는 것을 보고 밥 짓는 화덕을 발명했다는 1927년 신문 기사에서 보여주듯, 전통의 아궁 이를 외부로 빼낸 형식이 대부분이었다. '종류가 많아, 박동규식 화덕이 최초로 발명돼, 가격은 3원, 별표 화덕은 공기를 조절하는 장치가 있고 3원, 조일 화덕은 크기가 작고 가격은 1원 70전 등' 다섯 가지 종류를 설명한 기사가 있다.(〈중외일보〉 1927.7.10. '경제되고 편리한 신식화덕')

　여름철 부엌 아궁이에서 밥을 지으면 방이 더워지니, 특히 도시에서 간편한 화덕은 가정의 필수품목이었다. 신문·잡지 등에 소개된 가정의

〈중외일보〉 1927.6.1. 호떡굽는것 보고 화덕

제빵과 제과 기사는 화덕 사용을 배경에 두고 만들었다. 거리에서 수레를 끌고 다니면서 판매하는 사람들도 이러한 화덕 중 하나를 선택해 숯불을 사용해 장사했다.

지금은 밥 짓는 연기가 없는 도시 중심형의 시대라 동네마다 퍼지던 땔감 타는 냄새를 경험한 사람이 드물다. 농촌인구가 대다수이던 1920~30년대 밥때에는 동네 굴뚝마다 연기가 피어오르고 집 안에는 밥 냄새가 구수하게 퍼졌다. 굴뚝 연기가 없는 집은 식량이 없어 굶는 집이라, 걱정 어린 눈빛으로 담 너머를 내다보던 옛 어른들의 혼잣말이 흔하던 시절이다. 어릴 때는 어른들 혼잣말의 의미를 모르다가 커가면서 쌀독이 바닥을 드러내고 자라나는 아이들 교육 걱정에 밤을 지새우게 되면서 알게 되던 시절이다. 당시 도시에서 주로 사용되던 화덕은 숯불이 주된 연료였고 연기가 적어 상대적으로 농촌 정서와는 구별됐다.

1932년 신문에 실린 어린 학생의 시 '밥 짓는 연긔'가 농촌의 정서를 잘 보여준다.(《매일신보》 1932.12.17.)

앗침이라 집집이 밥짓는연긔

우줄우줄 잘도나 떠오르지만

수동이네 집에선 안나옵니다

이아침도 쌀업서 밥못짓나요

안개가튼 연긔는 빙빙돌다가

서로서로 헤여져 올나갑니다

불상한 사람들이 흐터지듯이

서로서로 헤여져 스러집니다

〈매일신보〉 1932.12.17. 밥짓는 연긔

11.
빵 판매처의 패러다임을 바꾼
명치제과 매점

 1905년 경부선, 1906년 경의선 개통으로 열차 이용이 증가하면서 승객 편의를 위해 끽다점이 주요 열차역에 생겨났다. 1914년엔 경성에 '탑동카페'라는 이름으로 현대적인 느낌의 장소가 등장한다. 일찍부터 끽다점·다방·카페 등 다양한 이름과 형태로 차를 마시는 공간이 나타났지만, 현재의 '베이커리 카페'의 원형이 '언제 어느 곳에 처음 나타났을까'라는 질문에 답하기는 어렵다.
 그래도 현대의 카페가 보여주는 외형과 사회적 역할을 종합적으로 보여준 최초의 카페가 있었다. 1920년대 후반 '명치제과'라는 큰 회사가 자본을 투자해 경성에 매점을 냈다. 나중엔 경성 시내에 3층 건물을 통으로 카페·레스토랑이 복합된 형태로 만들어 운영했으며, 이곳에 공연·전시회 등을 열 수 있는 공간도 마련했다. 1930년 10월 명치제과 매점 개장 광고가 신문을 장식했다. 명치제과의 경성 매점은 이전에도 존재했으니, 규모를 키운 확장 개업인 셈인데 광고를 보면 건물 모양과 위치가 표시된 약도와 함께 일본에 소재한 분점 24개까지 자세히 소개하고 있다. 경성 매점 1·2층은 명치제과에서 생산하는 과자와 빵 등을 차

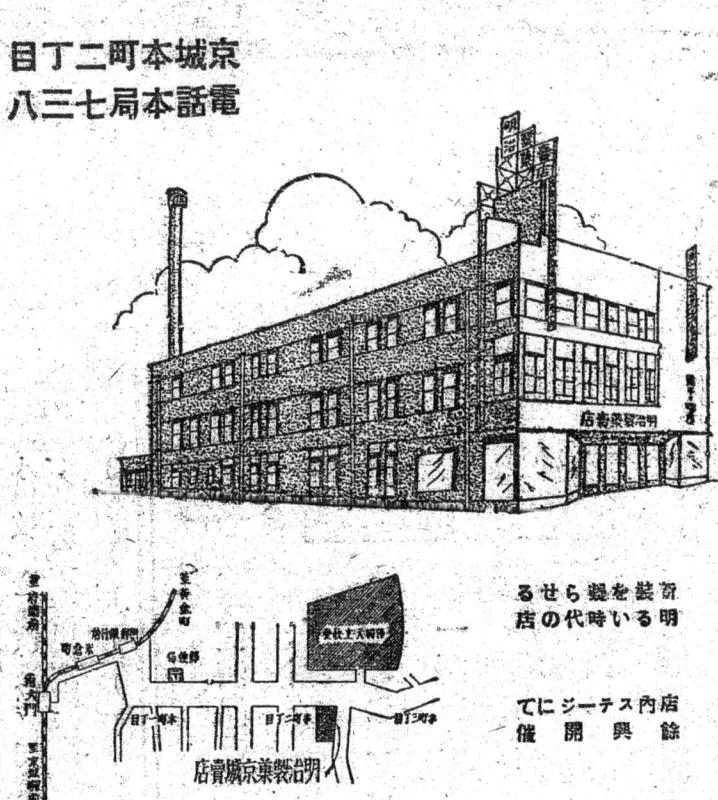

〈조선신보〉 1930.10.1. 명치제과건물 광고

와 함께 마시고 값비싼 양식을 먹는 공간이었다. 3층은 주로 공연·전시회 같은 행사와 함께 연회 기능을 갖춰서 음악가 홍난파를 비롯해 제금 3중주단 연주회가 열리기도 했다. 명치제과 매점은 경성의 명소가 됐고, 워낙 규모가 커서 다른 카페나 일반 제과소와 구별되는 장소로 인식됐다. 사람들은 경성 매점이라는 이름보다 제과 회사에 들렀다는 표현을 사용했다. 당시 모던보이에 속하고 활동적인 대학생들이 드나들던 카페 모습과 연애 등 생활상을 약간 엿볼 수 있는 「남학교평판기男學校評判記, 착실着實한 학생學生이 되자!」(『동광』 제39호 1932.11.1.)를 살펴보자.

京城帝大本科(경성제대본과)
장서藏書 많은 도서관圖書舘의 주인공主人公들이 되어 그런지 학적學的 기풍氣風이 돌고 연구적硏究的 태도態度가 보인다. 그리고 카페 출입出入은 일주일一週日에 한 두번만이 아니고 또 명치제과회사明治製菓會社는 전용식당專用食堂이라니 카페나 막걸리집을 단니는 것보다 좀 나을가?

延禧專門學校(연희전문학교)
연희延禧하고 부르면 연짜가 들어 그런지 '오! 연애편지 잘 하는 학교學校' 하고 직각直覺이 된다. 모양 잘 내기로 첫손 꼽는 그들은 모자帽子 쓰고 교복校服 입은 후 거울 보는 시간時間이 복습시간復習時間이나 예습시간豫習時間에 비하여 배倍나 될 것이다.

京城醫專(경성의전)
카페에서 위안慰安을 구하는 그들
의학전문醫學專門하면 어쩐지 학업學業에 충실忠實한 것 같이 생각된다. 내가 생각하고 잇는 이 點에서 버서나지 않엇으면 좋으련만… 그날의 푸로그람이 끝나면 상습적常習的으로 카페를 간다니 웬 셈일까?

世富蘭偲醫專(세브란스의전)
까운주머니에 반쯤 너어진 청진기聽診器
세전世專하면 '글세'라는 말이 연발된다. 아마 신통치는 아는 모양이지? 목사牧師아들님이 되든지 영감 박힌 좋이만 잇으면 세전 입학世專入學에는 저능아低能兒라도 그만이라니 무슨 말인지. 히로는 세부란쓰 병원病院 갓어 응접실應接室에 앉엇자니 문이 반찜 열리자 힌 까운 입은 실습생實習生들이 목을 길게 뽑고 나를 디려다 본다. 그리자 조곰 잇더니 뒤를 이어 기웃 기웃 디려다 보는 학생이 합해 보면 한 23名 늘 보는 女子가 무어 그리 이상한지 그뿐인가. 까운주머니에 청진기聽診器를 반찜 넣고 뽐내며 女子 앞으로 왓다 갓다 하는 모양!

위의 글은 이화여전을 다니는 여학생이 썼고, 흥미 위주의 기사 형식을 취했기에 사실로 믿기보다는 재미로 읽으면서 시대적 분위기를 느끼면 좋겠다. 또한 추가적인 설명을 해야 오해가 없을 내용이 많아 간단한 설명을 덧붙인다.

이 글에 나오는 경성의전과 세브란스의전은 국립과 사립의 차이가 있다. 당시 일본은 경성의전·평양의전 등 의학전문학교 입학생 중 조선인 비율을 일본인의 3분의 1 또는 4분의 1로 차별적 제한을 두고 있었다. 식민지라는 현실에서는 당연한 일이었으며, 천재 시인 이상이 건축사가 되기 위해 경성고등공업학교(서울공대 전신)에 들어갈 때도 조선인은 두 명만 입학이 허락됐다. 세브란스의전은 서양인에 의해 만들어진 기독교 재단의 사립학교로 입학 비율 제약이 없었기에 거의 조선인 교수와 학생으로 채워졌다. 따라서 재정상의 이유로 기부입학이나 기독교 계열의 연줄이 입학에 영향을 끼쳤던 상황을 비꼰 내용이 글에 담겼으나, 세브란스의전 입학이 쉽다는 뜻은 아니다.

1930년 3층 건물의 경성 매점 개장일 전 명치제과에서 여점원 구인 광고를 냈는데, '일본인 열몇 명, 조선인 열몇 명을 뽑을 예정으로 이력서에 사진을 첨부해서 제출하라'는 내용이 있다. 여점원을 뽑는 숫자만 보더라도 규모가 매우 크다는 것을 짐작할 수 있다. 일본인 직원이 많다는 뜻은 일본인 손님이 주로 드나드는 것을 의미하고, 당연히 서민층 조선인 출입은 쉽지 않은 장소라는 뜻이다. 당시 영화관은 일본인이 가는 곳과 조선인이 가는 곳이 따로 구별됐는데, 일본인이 가는 영화관은

女店員募集

一、內地人 十數名
　高女卒業程度年齡廿歲迄
一、朝鮮人 十數名

右至急募集す
希望の方は自筆履歷書に寫眞を添へ（漢江通り十三明治製菓京城販賣所）宛て郵送せられ度し

本町二丁目
明治製菓賣店

〈경성일보〉 1930.9.15. 명치제과여직원 모집공고 가격이 훨씬 비쌌다. 같은 직장이어도 일본인 월급은 높게 책정됐으며, 일본인이 가는 영화관은 대개 냉난방 시설이 완비된 곳이었다. 조선인이 가는 영화관은 냉난방 시설이 없어 혹한기·혹서기는 영화관 수입이 없는 비수기였다. 한겨울 따뜻하게 영화를 보려면 구멍이 난 깡통에 숯불이 들어 있는 보온 기구를 사서 좌석 앞 양발 사이에 놓고 관람했다. 명치제과는 경성 매점 외에도 인천, 군산, 함경도 지역 등 많은 곳에 제빵·제과에 필요한 유제품을 비롯해 각종 재료를 공급하는 도소매 매장을 운영했다.

1920년대 경성은 여름이면 아이스커피를 마실 수 있었고 빵·코코아·과자·커피·술 등이 판매되던 카페는 규모와 손님의 특성부터 시작해 매우 다양한 형태를 갖추고 있었다. 1936년 일본 영화잡지에 실린 글 '〈만주 지나 조선영화계〉 다시 둘러보기'(이시카와 사이)를 보면 큰 자본을 가진 카페 경영자가 언급된다.

> 이번에 경성에 와서 놀란 것은, 경성의 중심 메이지마치의 교차점에 이시바시 료스케 씨의 손으로 쇼치쿠영화관이 신축되고 있다는 점이다. 정원 약 2천 명을 수용하는 대규모의 영화관으로 … 이시바시 씨는 마루빌딩 카페의 경영자로서 두뇌도 있고 배짱도 있으며, 새로운 흥행가로서 경성 영화계를 놀라게 할 것이다.

내용을 보면 지금의 CJ, 신세계, 롯데가 영화와 카페 등 외식사업에 투자하는 양상과 비슷한 모습을 말하고 있다. 영화제목 '만주 지나 조선영화계'는 만주·중국·조선 영화계를 뜻한다. 만주를 지나서 조선 영화계를 둘러봤다는 의미가 아니다. 당시의 카페는 대규모 일본 자본이 투입돼 경성에서 독일·러시아 미녀가 서빙을 한다고 서로 광고하며 경쟁했던 상황도 있었기에 한마디로 설명하기는 매우 어려운 공간이었다.

12.
카페 현황과
특성별 분류

1910년대가 되면 기차역을 중심으로 전국에 끽다점이 만들어지면서 조선에도 다양한 형태로 서양의 카페문화가 소개된다. 1914년 경성 한복판에 들어선 탑동카페 설명 글을 보면 다른 요리점에서 만나지 못할 '청열淸冽한 생맥주'와 서양요리, 다과, 연초 등의 양식음식점으로, 일반 요리점과 동일 시간대로 운영한다는 내용이다.

당시 사용된 용어로 현대식 다방 역할을 하는 끽다점과 주방이 있는 카페는 개념상 구별됐다. 둘 사이에 차茶를 마시는 공간의 공통점이 있

〈매일신보〉 1914.6.7. 탑동카페

'마드모아젤 샤넬의 초상' 1923년, 마리 로랑생, 오랑주리 미술관

으나 카페는 현대의 레스토랑에 가깝다. 서양을 동경했던 1910년대 일본의 신흥 부자들은 카페문화를 일찍 접했으며 프랑스 화랑의 큰손 대접을 받았는데 이미 널리 알려진 코코 샤넬(패션 디자이너)의 초상화를 그렸던 마리 로랑생은 일본 수집가들에게 인기 있는 화가였다. 마리 로랑생이 첫 판화집(1914년) 전부를 일본에 보냈을 정도로 그녀의 그림은 높이 평가받았고, 이후 일본에 마리의 개인미술관도 만들어졌다. 산업 발달로 경제 규모가 커진 일본의 유럽문화에 대한 동경은 문화예술계에 영향을 끼쳤고, 특히 1914년 엘리베이터와 에스컬레이터가 설치된 니혼바시의 미쓰코시 백화점은 유럽에서 왕이나 귀족이 사용하는 고급 가구를 가져오거나 비슷한 분위기를 만들어 유럽의 고급문화를 간접 체험하게 만드는 방식으로 인기를 끌었다. 이러한 사회적 분위기 속에서 일본과 조선에 서구의 카페문화가 자연스럽게 정착됐다. 우리에게 노래 '향수'로 익숙한 정지용 시인의 「카페 프란스」(1926), 「말-마리 로란산에게」(1927) 등의 작품도 당시 분위기가 반영됐다. 1920년대가 되면 카페 수도 늘고 레스토랑 형식 외에 점점 베이커리 카페, 유흥주점 등의 다양한 형태로 변화한다. 1926년 『별건곤』 제1호에 카페메뉴가 일부 묘사됐다.

> 저 공장에를 좀 가보게 기덕이 울리기 시작해서 '으~~' 할 때이면 공장의 모든 긔계는 일시에 뚝 끄치고 마네. 죽은 듯이 고요하네. 그리고 직공들은 내 밥 네 밥 하고 닷투어 가면서 변도를 먹는 것을 모르나? 직공이 아닌 우리도 정오가 되면 염치업시 배가 곱

흐지 안나? 보게 식당이나 카페 안에를…. 고급 로동쟈들은 그래
도 고기에 게란에, 우유에, 빵에….

위의 글로 카페가 우유와 빵 등 서양풍 음식을 먹을 수 있는 레스토랑 형태의 공간임을 알 수 있다. 1930년 명치제과가 공연장을 포함한 3층 건물로 경성에 다목적 베이커리 카페를 개장하기 전부터도 카페는 빵을 판매하고 있었으나 명치제과가 각종 과자류와 빵, 음료의 특화 매장을 만들어 세간의 관심을 끌며 성공시켰다.

1920년대 카페가 모던modern한 서양풍 식사와 차를 마시는 공간 이미지로 대표됐다면 1930년대에 들어서면 완연한 유흥의 공간 개념으로 바뀌게 된다. 사진 속 어린이의 말 "아버지 카후에-는 어듸요?" "날마다 다닌다고 엄마허구 쌈하는 카후에"로 카페 이미지를 압축 표현했다.

식민 지배로 경제적 이득이 커지면서 급성장한 군국주의 일본은 1931년 만주를 점령했고, 1932년 일본 군부와 대립했던 이누카이 쓰요시 총리가 해군 장교들의 쿠데타로 암살됐다. 일본의 자본주의 발달과 군사문화가 결합해 폭주하듯 팽창하면서 동아시아는 전쟁과 퇴폐적 유흥 문화가 휩쓰는 시절이 됐다. 따라서 문화예술과 차분한 사교가 가능한 카페는 귀한 대접을 받았으나 주류가 되기는 어려웠고, 목적과 자본 규모에 따라 카페도 다양한 형태로 분화된다.

개화기 모던의 상징인 빵과 전통의 떡은 재료나 제조법에 큰 차이가

〈매일신보〉 1934.11.5. 아버지 카페

있으면서도 일정한 경쟁 관계를 형성했듯이 카페문화도 확산 과정에서 전통문화와 충돌을 피할 수 없었다. 서양의 여가 활동 공간 중 하나인 카페와 비슷한 전통적 공간을 굳이 찾자면 사랑방이 언뜻 떠오른다. 카페문화와 사랑방 문화는 자본주의와 봉건시대 간 커다란 차이가 있어서 비교는 어려운데, 이는 과거 양반과 상민의 계급제 사회에서 여가생활 문화는 양반에 편중될 수밖에 없어서 대중화의 한계가 명확하기 때문이다.

개화기 신개념 공간인 카페의 문화와 비슷한 측면을 찾자면 양반의 여가생활에 '기생'이 있었고, 개화기 카페에는 '여급'이 있다. 다소 억지스러운 비교로 느낄 수 있겠으나 다재다능한 기생은 신시대 문화인 영화·연극·대중가요 등 문화예술계로 진출해 활동했으며 시장적 측면에서 카페와 경쟁하기도 했다. 문자가 양반의 전유물이던 시대에도 기생은 글을 알았고 시를 지어 문인들과 교류하던 깨우친 여성이었다. 개화기 카페 여급 역시 글을 아는 사람이었고 당시에는 굉장히 고학력인 고보와 전문학교 출신자도 많았다. 기생이 맹활약했던 1920년대에는 기생 문예지 『장한長恨』(1927)이 있었고, 카페의 전성기 1930년대에는 카페 여급 문예지 『여성女聲』(1934)이 존재했다는 공통점마저 있다.

대동강변에 위치한 평양기생학교는 3년제로 운영됐으며 과목 또한 많았다. 〈매일신보〉 1932년 3월 기사를 보면 평양기생학교 졸업생 등 42명이 경성 단성사에서 가극·무용·합창·가곡 등 연예대회를 한다. 평양기생학교는 과거의 전통 기예뿐 아니라 현대적인 문화예술 변화에도 적

〈조선신문〉 1934.11.16. 평양기생학교

응하고 있었다. 1920년대 궁술대회 참가 기생들의 기사를 보면 기생들이 다양한 기예를 습득하고 있음을 알 수 있다. 1930년 『삼천리』 「서도일색西道一色이 모힌 평양기생학교平壤妓生學校」에 학생 수와 학습 내용 정보가 있다.

〈매일신보〉 1923.6.14. 한성권번 궁술대회

「또 긔생학교로 입학하러 오는 학생들은 모다 평양 태생들인가요」

「평양아이도 만치만은 서울이나 황해도, 평안도로도 만히 와요」

「지금 학생수효는 모다 얼마나 되서요」

「195명이 잇서요. 그런데 자 사군자를 좀 보세요. 이것이 삼년급 아히들과 졸업생들이 처두고 간 것이람니다. 이중에 총독부 미술람회에 입선한 작품까지 잇서요」

「일년급 아해들에게는 우조羽調 계면조界面調가튼 가곡歌曲를 배워 주지요. 즉 평시조平時調, 고조高調, 사설조詞說調들을요. 그밧게 매梅, 란蘭, 국菊, 죽竹가튼 사군자와 하늘천자는 낫고 따지자가 놉다는 한문운자漢文韻字까지 또 조선어 산술 등도 가르치지요」

「춤은 아니 가르치나요」

「웨요. 춤은 삼년급부터 가르처줌넨다. 그런데 소리는 이년급 때에는 관산식마關山式馬나 백구사白鷗詞, 황계사黃鷄詞, 어부사漁父詞와 가치 조곰 놉흔 시조에다가 새황 피리 양금과 거문고 젓대 가튼 즉 관현악을 가르치지요.」

기생학교는 이와 같은 전통예술 공부에 더해 시대적 흐름에 부합하려 부단히 노력했다. 시대가 변함에 따라 관기에서 기생조합 권번으로 소속이 변했으나 사회적 천대는 여전했으며 그나마 꽃에 비견되던 기생의 영화와 인기는 점차 시들어갔다. 반대로 네온간판으로 불 밝힌 도심 카페는 남녀노소를 가리지 않고 드나들며 번성했고 다양한 모습으로 분화했다. 우리에게 익숙한 '박제가 된 천재'인 이상의 『날개』(1936)에 등장하는 기생 금홍이도 시대적 분위기가 반영돼 카페에서 일하게 된다. 이상과 함께 카페를 경영했던 금홍이가 만약 기생조합 권번에서 탈퇴한 상태가 아니었으면 일본 경찰에 체포돼 조사받고 벌금을 물었을 것이다. 권번 기생은 세금을 내는 직종으로 겸업이 금지됐던 것으로 보이며, 카페가 번성하고 수입이 줄어든 기생이 부업으로 카페에서 일하다 체포돼 조사받는다는 기사도 있다. 권번에 등록된 수가 1만여 명에 달했고 '기생의 자각'으로 관심을 모았던 월간 문예지 『장한長恨』이 짧았던 기생의 전성기를 말해준다.

〈중외일보〉 1926.12.7. 기생의 자각

『장한長恨』 발간 당시 세간의 평가는 호의적이지 않았는데, 개별 작품의 완성도나 편집 구성에서 전문성이 떨어졌을 수 있으나 현대의 아마추어 동호회지 관점의 다양성 측면에서 보면 용기를 북돋아 줄 필요가 있었다는 아쉬움이 있다. 1933년 10월 〈동아일보〉 기사 제목은 기생과 카페의 상관관계를 함축적 문장으로 표현했다. '조락凋落하는(시들어 떨어지는) 기생妓生, 약진躍進하는 카페'

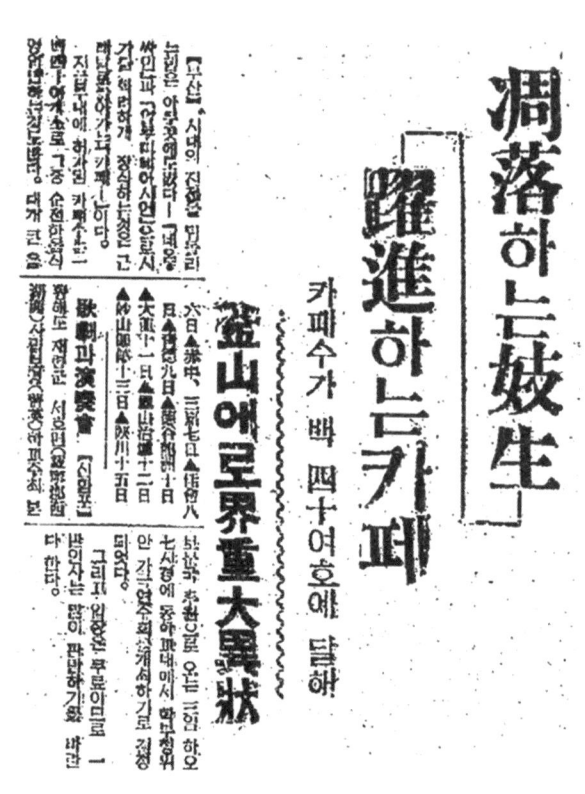

〈동아일보〉 1933.10.2. 약진하는 카페

13.
'모던'과
'퇴폐'의 카페

　1930년 7월 23일 신문에 인천 월미도에 있는 카페 '미가도' 지점 여급이 현금 29원을 훔쳐 상인천역 방향으로 달아나다가 잡혔다는 기사가 실렸다. 눈에 띄는 점은 신문에 등장하는 여급이 평양 출신으로 경성의 여고보를 졸업해 문맹률이 높던 당시로서는 굉장히 많이 배운 신여성이라는 사실이다.

　카페 미가도는 1928년 기사를 보면 평양 남문정에도 있었고, 월미도의 카페 역시 지점이다. 현재 카페의 체인점 문화는 오래전부터 이미 존재했다. 카페를 드나드는 젊은 층을 '모던보이'나 '모던걸'이라고 칭하는 경우가 많았는데 이에 걸맞게 직원도 보통학교 이상을 졸업한 여성이 내 다수였다. 통상 '여급'이라 불리던 직원은 여고보를 졸업하거나 전문학교를 나온 여성까지 있었으니, 세칭 '모던카페'라는 신문화의 상징적 장소 표현이 당연하게 느껴진다.

　당시 카페 여급의 월급은 15원 정도가 평균이었고 월급 외 '팁'이 수입원이었다. 이들은 화장품과 의상비 지출이 많았으며, 경성의 카페에서 월급을 포함해 지출을 뺀 실수입은 보통 40원 정도였다. 다양한 차별이

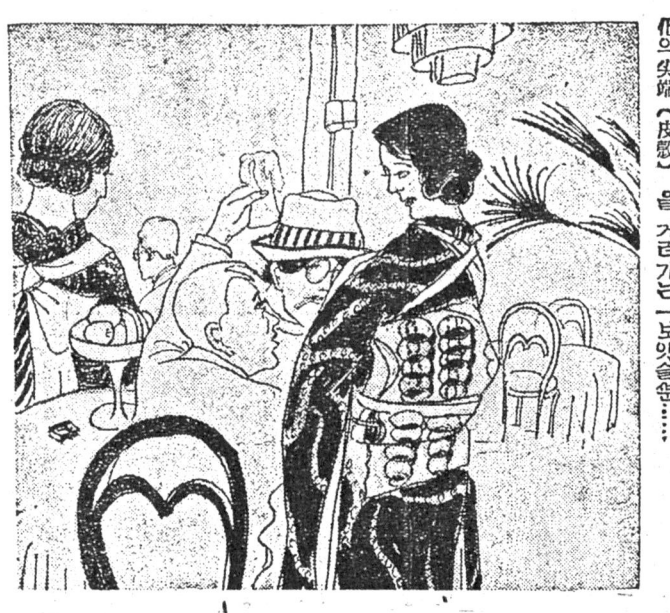

〈매일신보〉 1930.2.15. 카페 모던뽀이

존재하던 조선인 여성에게 매달 40원은 큰돈이었다. 영화 〈밀정〉에 등장하는 친일 경찰의 경우 월급 외 부수입이 있었겠으나, 친일파 실재 인물로 1933년 서무과 고원으로 월급 26원을 받다가 1938년 친일 경찰이 됐을 때인 1938년 부산경찰서 형사 겸 순사 월급으로 38원을 받았다는 기록이 있다. 앞의 명치제과 카페 글에서 '사진을 첨부한 여고보 졸업 나이의 여성 모집' 광고가 나왔던 사실을 상기하면, 사진과 나이 조건이 이해된다.

카페에서 일한다고 모두 같은 수입을 올리지는 못했겠지만 1930년대 군산에 미두취인소가 들어서자, 카페가 급증했다는 사실만 보더라도 당시 카페는 유흥과 퇴폐의 기능을 수행하며 많은 돈이 흘러가던 길목 중

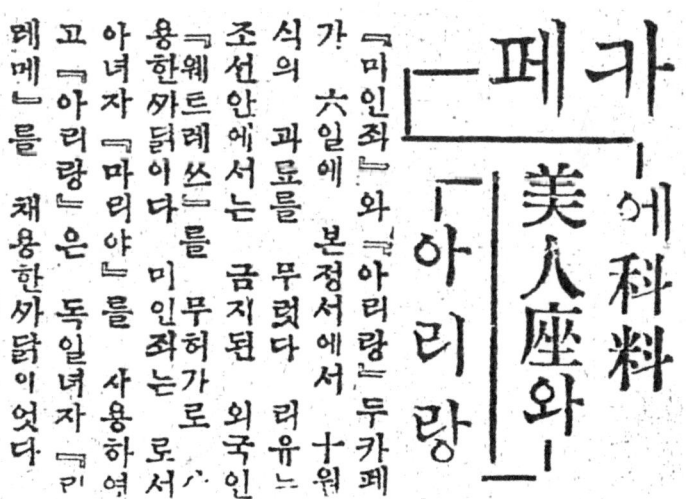

〈매일신보〉 1931.10.7. 카페 미인좌

하나였다. 1931년 10월 7일 〈매일신보〉는 '미인좌'와 '아리랑' 두 카페에 벌금이 10원씩 부과됐다는 기사를 냈다. 내용을 보면 아리랑은 러시아 여자, 미인좌는 독일 여자를 불법으로 고용했다는 것이다. 미인좌가 개업할 때 이미 신문에서는 '일본에서 온 미인이 많은 카페'라는 광고성 기사가 다뤄졌는데, 독일 여자 고용이 불법이라며 경성경찰서는 벌금을 부과했다. 벌금 액수만 보더라도 매우 형식적인 처벌임을 알 수 있는데, 이는 미인좌가 오사카에 본점을 둔 일본 자본의 경성지점이기 때문이다. 미인좌는 일본 본토에서 미인들을 공수했다고 광고했고, 당시 일본에서 인기 있던 여배우의 이름을 사용한 미녀들이 서빙을 했다. 카페 미인좌의 이용 가격을 보면 밀크쉐이크 한 잔에 35전으로 당시 설렁탕 10전, 고기가 듬뿍 들어간 장국밥 15전에 비교하면 매우 높은 가격이었다.

당시 경성 시내의 카페 영업 형태는 다양했으며 초반에는 주로 일본인 거주지역인 남촌을 중심으로 번성하다가 점차로 조선인 거주지인 북촌으로 반경을 넓혀갔다.

일본제국주의 식민영토가 대만과 조선을 넘어 만주국을 세우는 번성기에 카페는 그야말로 활황을 맞이했다. 카페에 출입하는 학생 수가 눈에 띄게 늘어나자, 일본이나 조선에서 사회적 이슈가 된다. 「환락경歡樂境인 카페-와 카페-출입出入의 학생문제學生問題」(1932년 7월)에서 중동학교 교무주임 안일영은 학생의 카페 출입을 통제하려고 애쓰고 있으나 경찰에서는 조선인 학생의 카페 출입으로 풍기문란이 있더라도 무슨 일인지 묵인하는 경향이 있어 어려움이 많다고 토로한다. 학교 당국은 경찰에 도움을 요청했으나 영업의 자유라는 답변만 들었다는 것이다. 여기에 대한 해답이 〈중외일보〉 기사(1930.2.4.)에 있다. 우측 기사 '불량학생不良學生 거절책'은 카페에 출입한 학생 100여 명을 경찰서에서 호

不良學生拒絕策
본뎡관내「카페」영업자가
경찰서와타협실시할터

요지음 남촌일본사가 일대에 널
려잇는 각 카페에는 밤마다 불
량학생들이 출몰을하야 학생신분
에 맛지안는 행동을함부로 함으
로 시내본뎡서(本町署)에서는
이방면에 엄중한 취톄를 계속하
야 얼마컨서 자백여 명 불량학생
을 호출하야 설유석방 하엿는
바 금후는 각 카페에서 자위덕
으로 이러한불량학생들에 한하야
는 영업을거절하기로 본뎡서보
안주임과 타협노아 일반동업자
에게 통지시키게발하엿다고 하는
데 이와가튼 불량학생은대부분
일본인 학생이나 그중에는 조선
인학생도 적지안이하더라

〈중외일보〉 1930.2.4. 불량학생거절책

출하고 훈계한 후에 석방했다는 내용이다. 이러한 사실을 배경으로 카페 업주는 학생 출입을 거절할 명분을 확보, 경찰서와 협조해 총독부 방침을 따르겠다는 내용이다. 기사 내용에서 중요한 사실은 단속 지역이 일본인 거주지역인 남촌 일대였으며, 일본인 학생 지도를 목표로 했으나 카페 출입자 중 예상치 못했던 일부 조선인 학생이 있었다는 것이다. '불량학생 거절책' 왼쪽 기사를 보면 '휘문학생 다수 등교, 연희전문 등교, 이화여전 개교협'이라는 제목이 있다. 1929년 광주학생항일운동이 시작돼 일방적인 일본 학생 편들기에 항의해 등교 거부를 포함한 시위가 전국적으로 확산하는 과정에 나온 기사인 까닭으로 조선총독부는 일본인 학생의 카페 출입은 단속했지만 조선 학생만큼은 퇴폐적으로 흐르는 일을 오히려 권장하고 싶었던 상황이었다. '명동백작 이봉구가 20세 무렵 일본 경찰의 물고문과 강압적 조작 수사에 몰려 고생하던 때 학생답게 공부하든지 연애나 하라는 충고(?)를 들었다'라는 회고가 실린 신문 기사와 일치하는 내용이다.

그러나 중일전쟁이 한창이던 1938년에는 조선인 학생들이 추석 당일 음식점에서 빵을 먹고 있었다는 이유로 정학 처분을 받았다.

소화 一三년 一〇월 중 발생한 春川중학교 맹휴사건(1938년)
원인은 작년 음력 八월 추석날 春川邑本町二丁目 음식점 만수당에서 춘천공립중학교 5학년 함영대 외의 一〇수명이 빵을 사서 먹었던 일로 해서 사건 관계자는 계칙근신 또는 정학처분을 받은 일이 있었는데 동일사건 관계자임에도 불구하고 일본인 생도에게는 경미한 처분, 즉 계칙을 하였고 조선인 생도에게는 근신도 등교할 수 없는 근신 또는 四일간의 정학처분을 하였던 사건에 대하여 이른바 일본인과 조선인을 차별처분을 하였다고 하는 것에서 발단되었던 것이다.

〈국민신보〉 1939.7.30. 만수당

위의 내용으로 보면 학생의 카페 출입이 관대하던 시기와 음식점 출입마저 제한되던 시기의 차이는 군국주의 방침에 기인한다. 특히 조선인이냐, 일본인 학생이냐의 차이가 법적 제지를 받는 과정에 커다란 영향을 주던 시기다. 이 책에서는 식문화 내용을 중점으로 다루기 때문에 당시는 일반음식섬에서도 빵 판매가 이뤄진 점에 눈길이 간다. 1920~30년대 시기에는 카페·제과소·음식점 등 다양한 곳에서 빵을 판매했다. 물론 빵의 종류와 판매량의 차이는 있었다.

14.
빵 관련 산업의 성장

1) 제분산업

1912년 인천 배다리 근처로 짐작되는 곳에 전기를 동력으로 밀가루를 제조하는 공장이 들어섰다는 기사가 〈매일신보〉(1912.12.24.)에 실렸다. 1914년에는 수도 경성에서 유일하게 전력 제분을 한다는 중미제분소 광고가 나왔다. 경성의 중미제분소는 전력을 사용해 밀가루를 제조하기에 다른 제분소와 비교해 품질이 월등하다는 내용으로 광고했다. 1910년대 인천과 경성의 제분소 모두 전기를 사용했다는 점이 강조됐는데, 이들을 제외하면 대부분 물레방아나 가정집에서 노동력 등을 이용해 재래식으로 거칠게 제분했다는 설명이다.

1918년 1월 시운전을 마친 평양제분은 4월부터 사업을 개시하는데, 판로는 서조선 일대가 될 예정이라는 기사가 있다.(〈매일신보〉1918.1.16.) 내용을 자세히 보면, 평양제분은 조선의 밀 생산이 황해도와 평안남도에서 많이 이뤄지고 양질의 밀이 산출되므로 규모가 큰 공장이 들어섰다는 설명이다. 평양제분 이전에는 제과·제면의 원료가 고베·오사

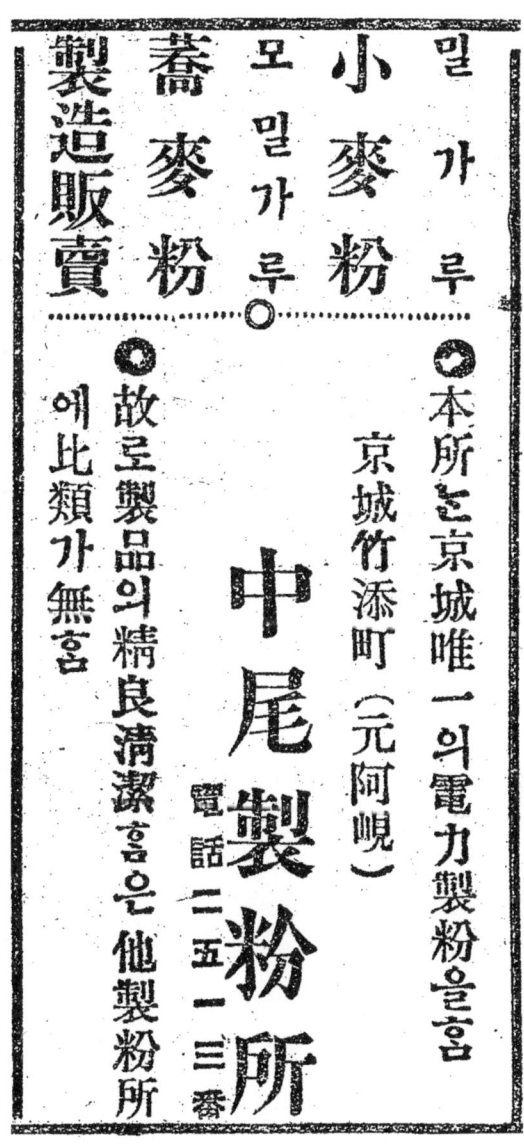

〈매일신보〉 1914.2.10. 경성유일의 전력제분소

카 등 주로 일본에서 수입됐는데, 이제부터는 일본산을 밀어내고 조선 일대에 판로를 확장할 것이며 가격도 일본산에 비해 저렴하게 공급될 것이라고 전했다. 당시의 산업 동향을 가늠할 수 있는 내용의 기사다. 평양제분은 평양 바로 옆 진남포에 자리했으며 현재의 지명은 남포다. 항구의 장점이 갖는 당시 물류의 상황으로 보면 당연하다.

1920년대가 되면 밀가루 생산 산업화로 기계 제분과 자가 제분으로 생산 현황을 분류했다. 〈시대일보〉 1925년 7월 11일 기사는 1년 생산량이 기계 제분 약 250萬袋(만대), 자가 제분(기계 제분 환산) 약 110萬袋로 합계 360萬袋를 예상치로 밝혔다. 밀가루 생산력은 당시 밀가루를 담던 포대包袋(20kg) 용량으로 표현한 것으로 여겨지며, 비율로 보면 기계 제분 69.5%, 자가 제분 30.5%다. 농촌의 가정용 수요는 아직 전통적 제분으로 채워졌다. 기사 후반부 설명에 조선 내 밀가루 수요에 비하면 공급이 20萬袋가량이 부족한 상태나, 일본제분 인천분공장仁川分工場의 부지 문제가 해결돼 생산에 들어가면 부족분 문제가 해결될 것이라고 전했다.

인천에 제분공장이 들어설 필요성은 만주산 밀을 주로 쓰는 원료의 물류 접근성이 크지만 1924년 경성 풍국제분 공장이 화재로 전소돼 절박함은 더해졌을 것으로 보인다.(〈시대일보〉 1924.11.22.) 〈매일신보〉 1925년 1월 기사는 일본제분 인천공장 토지를 인천역 부근 월미도 측면 2000평을 매립해 마련할 계획이라고 보도했다. 제분공장 증설 배경은 조선 내 밀가루 수요 증가에 따른 것이라 밝혔지만, 근본적 사유는 조선의 쌀 수탈에 따른 결과로 대체 곡식인 밀가루 공급 증가에 있었다.

〈시대일보〉 1925.7.10 월미도 매립인가

1925년에 월미도 측면 매립과 총독부 승인 등, 구체적인 계획이 수립돼 조만간에 월미도 제분공장이 들어설 것처럼 보였으나 10년이 흐른 1935년에나 완공됐다. 1935년 11월 23일 〈매일신보〉 기사를 보면, 11월 21일 월미도 제분공장 낙성식이 인천공회당에서 열렸으며 생산량은 연간 120萬袋다. 월미도에 일본제분의 공장이 들어서기 전에도 제법 규모가 있는 제분공장은 있었던 것으로 보인다. 1924년 3월 9일 〈조선신문〉 광고를 보면 인천에 소재한 복서제분소가 있다. 인천의 복서제분소 광고 옆에 중국 대련시 건축설계와 부산의 상점 등도 있는 것을 보면 거래 지역이 인천에 한정된 제분소는 아니었을 것이다.

월미도의 인천항 방향 측면을 매립해 마련한 일본제분의 공장은 1945년 해방되고 '대한제분주식회사'라는 이름으로 바뀌었다. 1946년 2월 〈중앙신문〉 광고에서 '구일본제분'이라는 설명을 볼 수 있고, 월미도 제분공장의 정확한 명칭은 '대한제분 인천공장'으로 사용됐음이 여

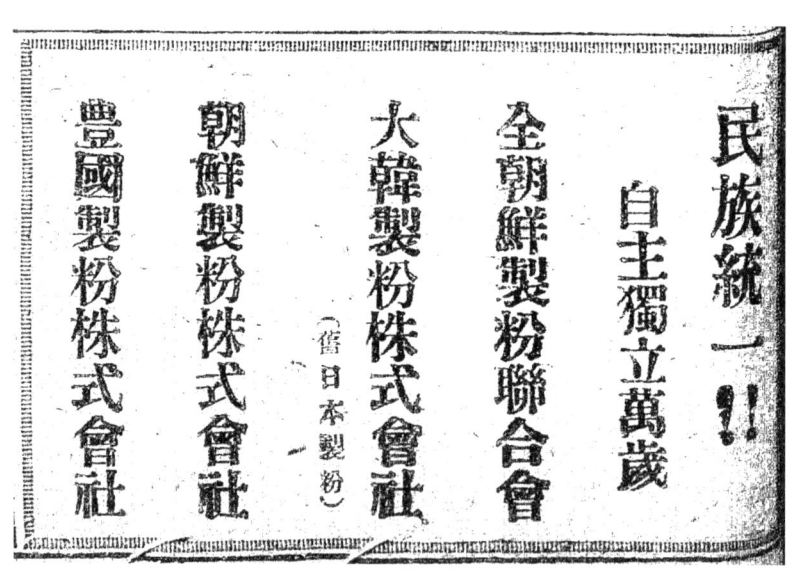

〈중앙신문〉 1946.2.8. 대한제분 (구일본제분)

러 곳에서 확인된다. 제빵·제과에 사용되는 밀은 대부분 수입 밀에 의존했으나 일본군이 벌인 전쟁과 서방세계의 경제제재로 밀 수입이 어렵던 시기가 존재했다. 밀 수입은 미국·캐나다·호주 등 다양한 나라를 통해 이뤄져 시기별로 수급이 어려운 때도 있었으나 고급 제빵용 밀은 대개 수입 밀이 사용됐다. 그러나 1939년 5월 기사를 보면 밀 수입이 어려워져

〈매일신보〉 1939.5.20. 조선산 소맥으로 팡분제조

제빵·제과용 밀가루 공급을 조선산 밀로 대체했다는 내용이 나온다. 주로 캐나다산 밀로 제빵 산업 수요를 감당했으나 수입 불가능으로 조선제분회사는 조선산 소맥분 가공 기술 개발로 제빵용 밀가루 '가이다'라는 상품을 출시했다는 내용이다. 이후 2차 세계대전이 일어나고 독일군 편에 섰던 일본 경제의 서방과의 교류는 1945년까지 완전히 차단됐는데, 이는 제빵과 제과 산업에도 영향을 크게 미쳤다. 제빵용 밀은 조선산과 만주산으로 대체됐고, 일반인이 먹던 빵과 과자는 '우리밀'로 만들어지는 완벽한 현지화 과정이 진행됐다. 품종개량과 같은 기술 발달 과정이 아니라 전쟁에 기인한 폭력적 상황이었으나 한반도 전역에서 토종 밀을 사용한 제빵 기술 변화가 지속됐다는 뜻이다. 하지만 전쟁 장기화가 불러온 생필품 공급 악화로 제빵·제과용 밀가루 공급이 일본인 제과소 중심으로 이뤄져 조선인 입맛에 맞는 제빵의 현지화는 제한적이었다.

 북조선의 제분업

1912년 〈매일신보〉 사설에 따르면 조선의 남서 지역은 논농사에 적합하고 북동 지역은 밀 농사에 적합하나 북조선은 밀 농사가 매우 적었다. 따라서 밀가루를 수입하는 상황이라 밀 농사를 권장하고 제분소를 설치해야 한다는 게 사설의 논지다.

매일신보_19120207_북조선제분업

1913년 평안남도 기사를 보면, 밀 농사를 위한 개량 품종 보급에 적합한 지역을 선정하고 지도해서 농사 범위를 확대할 계획이라는 내용이다.(〈매일신보〉 1913.9.14. 소맥 개량의 기도) 신문 기사와 평양제분 설립 과정을 보면 매우 구체적인 계획에 맞춰 밀 농사 확대와 밀가루 생산이 이뤄졌음을 알 수 있다.

2) 제당산업

조선의 설탕 제조는 언제부터 시작됐을까? 해방 직후 소련민정청이 조사한 '북조선의 경공업'이라는 보고서를 보면, 1920년 일본 회사가 "평양에 하루 최대 600톤의 사탕무를 처리하여 최대 10톤의 설탕을 생산할 수 있는 제당 공장을 건설하였다"라고 기록했다. 일반적으로 사탕수수를 가공해 설탕을 만든다고 알고 있으나 사탕무도 설탕의 주요 원료다.

사탕무 (AI 이미지)

「조선은행회사요록朝鮮銀行會社要錄」(1921년판) 기록을 보면, 평안남도 대동군 대동강면 선교리에 대일본제당大日本製糖(株) 지점이 있었다. 제당 회사인 일본 본점은 1895년 설립됐다.

설탕 생산을 위해서는 원료공급이 필수적인데, 1918년 〈매일신보〉에 '첨채甛菜 재배 개시'라는 기사가 있다. 이 기사를 요약하면, 러시아에서 미국으로 보낸 사탕무(첨채) 종자를 수입해 평양 외곽에서 재배를 시작했고 그해 생산된 사탕무는 설탕을 만들지 않고 모두 종자로 활용해 재배 지역을 늘릴 예정이라는 내용이다. 러시아 사탕무 종자가 미국으로 보내져 일본으로 수입됐다는 말은, 미국의 기술로 종자 개량이 이뤄졌다는 내용이리라.

미대륙이 발견되고 유럽인이 미국으로 이주하면서 가져갔던 밀 종자는 기후나 풍토가 맞지 않아서 초창기 재배에 실패했다. 초창기 이주자는 풍부한 옥수수 농사에 의존해 옥수수로 만든 빵을 먹어야 했다. 이후 개량된 밀 재배에 성공한 종자 개량 기술로 러시아 사탕무도 개량이 이뤄져 일본 회사가 황해도와 평안남도 일대에서 재배해 설탕을 생산한 것으로 보인다. 당시 러시아와 일본의 사이가 좋지 않아 정상 무역이 어려워서 단순하게 미국을 통한 사탕무 종자 중계무역일 가능성 또한 있다.

1920년 이후 황해도 몽금포夢金浦 부근에서 평양제당회사平壤製糖會社가 첨채농장을 운영해 사탕무를 원료로 설탕 생산을 지속했으나 1930년에 커다란 변화가 나타났다.

〈매일신보〉 1918.3.10. 첨채재배개시

공장은 1930년까지 운영되었으나 조선에서 사탕무의 수확량이 감소함에 따라 설탕의 원가가 상승하게 되자 가동을 중단하였다. 바로 이 해에 공장은 다시 설비를 갖추고 일본 및 자바(Java)에서 수입한 사탕수수-원료 정제를 시작하였다. 재설비 이후 공장은 하루 최대 180톤의 원료를 정제하였다.

위의 소련민정청 기록은 사탕무를 원료로 만들던 설탕 제조시설을 사탕수수 원료 생산 체제로 전환했다는 내용이다. 이는 1920년대부터 꾸준히 늘어가던 설탕 수요를 현지 생산 사탕무만으로는 감당하기 어려웠고 채산성도 떨어져 나타난 변화였다. 1929년에 함경남도 사탕무 농가 상황을 보여주는 기사가 나왔다.

200~300평 가운데 조흔 토지에서는 소채나 마늘 등을 심우면 400~500원가량은 수입되엇고, 조치 못한 땅이라도 단 10원 수입이라도 되든 것을 농림부의 지도로 사탕무를 심엇드니 요사이에 이르러 농림부에서는 사탕무 1,000근에 4원씩 지불하고 모조리 가져가는 관계로 300평 경작한 사탕무가 가장 적게 수환된 곳[예를 들면 동상면 광대리 4구에 잇슴]은 겨우 920근에 3원 60전밖에 받지 못하얏고, 제일 잘 된 곳[동(同) 면 달아리에 잇다]이라 하야도 20여 원 박게는 받지 못하얏다. 그 외는 모다 20원 미만이라 하야 일반 주민들은 적지 안흔 손해를 당하고 불평이 비등하다더라.

– 〈조선일보〉 1929.11.19. '강제로 試耕한 사탕무로 大損失'

위 기사의 내용은 함경남도 농가에 일본 당국에서 사탕무를 심도록 권고한 후에 최종 수매가를 낮게 책정해 농가에 손실을 입혔다는 것이다. 이는 소련민정청 기록과 맞는 상황으로 설탕공장에 공급하는 원료인 현지재배 사탕무와 수입 사탕수수의 가격 차이에서 발생했다.

1931년 〈동아일보〉에 '사탕소비세 경감' 기사가 실렸다. 평양의 제당설비 개편은 무역환경 변화로 사탕수수 수급이 원활해지고 증가한 설탕 수요에 세금 체계 개편까지 복합적으로 맞물려 나타난 현상으로 보인다.

소련민정청 문서에 의존하면, 1930년 이후 사탕무 재배가 중단됐다

설탕갑싸진다

砂糖消費稅輕減으로

십이월二十八일부 총독부 제하는데 개정령 시행된 소비세령 제十九호로 사탕소비세령중의 잉수관 유여한것은 구세를 一분을 다수과 가디 개정하얏는 에의하야 과세하게되엇다 대이는 일본의 사탕소비세가 이때문에 사탕갑이 약간떨어 경감되엇슴으로 이에 순응하는 지리라 관측된다 것이다.

개청의 비용은 사탕은 하급 품에는 一할을 감하고 상급품에 달라 경감물을 적기하다가 최 상급품에는 효봉을 경감하얏고 당밀(糖蜜)과 당수(糖水)는 一할 지난二十八일 오후二시반 등연 부지 七분을감하얏다 이개정령 은 소화 七년一월一일부터 시행을미러두고 일로ㆍ봉천(奉天)으

平北高等課長 奉天向해高飛

[신의주] 평북고등과장(平北 高等課長) 김덕공(金悳恭) 씨는

〈동아일보〉1931.12.31. 설탕갑싸진다

고 이해할 수 있으나 조선 농가에서는 이후에도 첨채 재배가 계속됐다. 설탕 생산 원료가 수입한 사탕수수로 변화돼 첨채 재배 농가 피해는 실재했으나 설탕 생산이 수입한 사탕수수를 이용한 대규모 공장에서만 이뤄지지는 않았다. 첨채 재배 농가를 중심으로 설탕을 수공업으로 생산해 판매하거나 소비했던 기록이 남아있다.

1931년 〈매일신보〉는 12월 3일부터 9일까지 6회에 걸쳐 '조선의 첨채와 흑당의 제조'라는 특집기사를 연재했다. 흑당은 정제하지 아니한 검은 빛의 가루로 된 설탕을 말한다. 1편에서는 대일본제당이 평양에 설립한 제당 공장을 시초라고 말하면서 그간의 어려움을 몇 가지 나열했다. 요약하면 사탕무 생산량이 충분히 나오지 않았고, 북조선 지역의 조선인 농가에 회사가 위탁재배를 하는 형태였는데 생산 단가가 높았다는 내용이다. 작황이 나쁘고 생산 단가가 상승한 이유는 첨채 재배에 대한 조선인 농가의 무지와 가뭄과 같은 재해 등인데, 손실을 회사에 떠안기는 못된 습성으로 채산성이 맞지 않았다며 책임을 조선인 농가에 전가하고 있다. 2편의 내용은 '제당산업은 국책산업에 해당해 조선총독부에서 첨채 시험 재배 등의 노력으로 병해충에 강한 품종을 개발했으며 설탕 제조의 원료가 되는 첨채 재배는 지속될 필요가 있다. 첨채 재배 농가에서도 부업으로 흑당을 제조하는 사업이 필요하며, 회사가 첨채를 수매해야 첨채 재배가 계속될 수 있다'라는 내용이 핵심이다. 3편은 첨채 재배 농가에서 병해충에 두려움이 많으나 너무 두려워할 필요 없고 생활이 낮은 농가의 흑당 제조는 보건위생과 수입에 도움이 된다는 내용이다.

產業

朝鮮의 甜菜와 黑糖의 製造 (三)

朝鮮農會技師 船越光雄

적지는안흐니 여긔에누구나될
수잇는極히簡單한檢卵法을말해
보겟다
이檢卵은抱卵식힌後大槪一週
間가량에行하는것이普通인바
처음으로行하는니의게는十日가
량이아니면잘알지못할는지도모
른다 거긔다가赤色卵即 卵肉
[食][卵][重]기가 [利]用[重]의[重]卵은될

〈매일신보〉 1931.12.5. 첨채와 흑당의 제조

당시 제당산업 특징이 대규모 공장에서 설탕을 생산하는 게 주류라는 것이지만, 가내수공업 생산과 마을 공동 작업으로도 흑당이 생산됐다.

1945년 해방 후 남북으로 나뉘었고 대규모 설탕공장이 평양에 있으니 남한 지역은 설탕 공급이 원활하지 못했다. 1946년 1월 〈자유신문〉은 '말로만 준다는 설탕 배급이 정말 나온다'라는 기사를 보도했다. 그 이후로도 오랜 기간 설탕 공급은 원활하지 못해 사카린 파동과 같은 커다란 사회문제를 일으켰다.

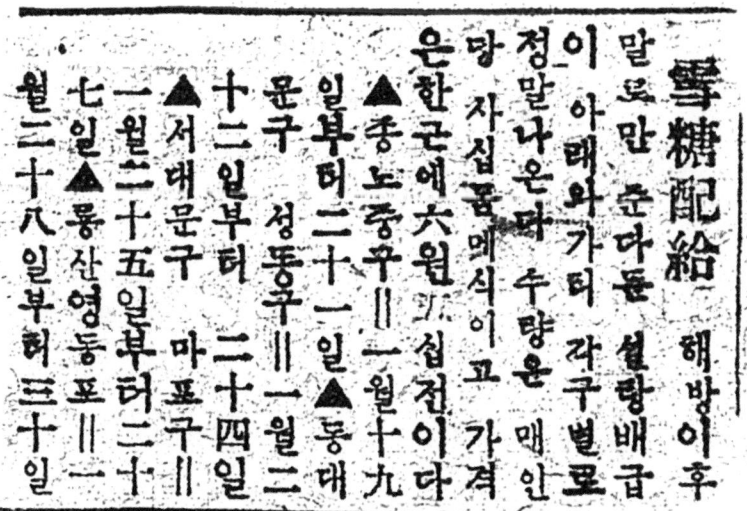

〈자유신문〉 1946.1.16. 설탕배급

3) 빵과 설탕, 합성 감미료

설탕은 조선 시대 기록에도 많이 등장하지만, 옛사람들은 구하기 어려웠고 꿀·조청 등 대체품이 존재한 덕택에 비싼 설탕에 집착하지 않았다. 과거 군밤·군고구마 등은 겨울철 대표 군것질 음식으로 맛이 뛰어나고 영양가도 높았는데, 곶감의 감칠맛은 뛰어난 데다 먹기도 편하고 보존성까지 좋아 겨울철 자연 간식으로는 짝을 찾기 어려운 인기를 누렸다. 우는 아이도 곶감을 주겠다고 어르면 울음을 그쳤다는 전래동화에서는 호랑이보다 무서운 곶감으로 상징됐던 인기 품목이었으나 사계절 내내 먹는 풍족한 음식은 아니었다.

대한민국 관광지에서 첫손에 꼽는 지역으로 싱싱한 횟감과 관광지로 유명한 강릉이 예전에는 곶감 산지로 이름나던 때가 있었다. 19세기 한반도는 물류가 원활하지 않아 싱싱한 해산물을 수도권으로 운반할 방법이 없었으니, 곡창지대가 아닌 강릉의 사람들도 교역을 위해 무언가는 팔아야 했다. 곶감은 자연 상태의 감과 비교해 보존성 높고 무게도 가벼워져 운반이 쉬우니 강릉뿐 아니라 감이 많이 열리는 지역은 앞다퉈 곶감을 만들어 팔려고 애썼다. 곶감은 현재에도 설날을 전후로 많이 팔리며 꾸준한 인기가 있으나 과거에 비할 바 안 된다.

19세기 말과 20세기 초가 되면 설탕 산업의 발달로 빵·화과자·찹쌀떡 등이 새롭게 인기를 얻으며 곶감에 비견되는 단맛을 사계절 공급하게 된다. 한반도에서 설탕 수요는 1920~30년대 급격히 늘었다. 물론 당시 설탕 가격이 지금처럼 싸지는 않았으나 사탕수수 재배지인 대만이 일본에 복속되면서 설탕 공급원이 안정적으로 확보된 영향이 크다. 앞서 '애국빵' 이야기에서 일본의 쌀 수탈 과정과 대체식량인 밀가루 홍보 과정에서 칼로리 비교에 초점을 맞춘 내용을 언급했다. 설탕으로 맛을 끌어올리고, 노동강도가 높던 시절에 필요한 열량을 제공한다는 관점에서 언론을 통한 대체식량 홍보는 나름의 효과가 있었다.

1950년대 이후인 전후 세대에게도 익숙한 디자인과 색상의 포장인 모리나가 캐러멜의 인기는 대단했다. 일본어 포장지가 사용된 사진의 왼쪽 광고처럼 과거에는 칼로리 높은 캐러멜이 어린이에게 훌륭한 영양간식처럼 홍보가 되던 시절이었다. 모리나가제과, 즉 삼영제과는 건빵을 대량 생산해 일본 군대에 납품했던 전범 기업이자 군국주의 일본의 중요기업으로서 오른쪽 광고도 매우 자연스럽다.

  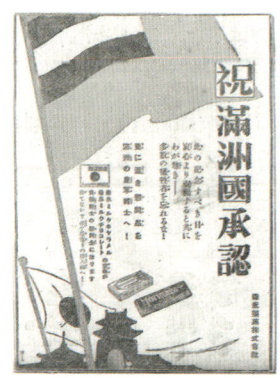

〈경성일보〉 1930.6.19. 삼영제과, 캐러멜

건빵을 전투식량으로 개발·개량하면서 활용도를 높여갔던 일본군은 건빵 봉지 안에 사탕을 넣어 맛과 팍팍한 식감을 개선했고 우리에게 익숙한 지금의 군용 건빵 체계를 완성했다. 일제강점기 산업 발달은 필연적으로 군수산업과 맞물려 있었고 제빵 산업 역시 마찬가지였다. 일본군이 직접 건빵을 만드는 방법보다 납품받는 체계가 효율적이었으므로 군국주의 체제에서 제빵 산업 지원은 국가적 역점사업이었다.

> 삼영森永 카라멜이 좋다고 박람회博覽會를 가드니 잔뜩 사 가지고 와서는 어데다 감추어 두고는 정향貞香이를 주고주고 한다. 많이도 않 주고 단 한 개 아니면 두 개! 시장쯩이 나서 못 견댈 지경이다. 그러나 어린애들은 아버지한테 받어 먹는 菓子는 더 맛이 있는 모양이다.
>
> ― 『삼천리』 제12권 제10호 '즐거운 나의 가정家庭' 중

위 광고사진의 캐러멜 회사 제품을 아이에게 한두 개씩만 주니 아이는 안달이 날 수밖에 없다는 내용이다. 이 정도야 뭐 군것질거리가 충분하지 않던 시절이니 당연하게 생각될 수 있다. 그러나 지금은 생각하기 어려운 일이지만, 어린이들에게 특별한 날 전국적으로 학교에서 캐러멜 한 갑씩을 나눠주는 행사가 있을 정도였다. 1942년 11월 〈매일신보〉 기사는 풍작을 기념해 농림성에서 전국적으로 2~13세 아동에게 10전 가격인 캐러멜 한 갑씩을 분배하기로 했다는 내용이다. 당시에도 칼로리가

〈매일신보〉 1942.11.6. 전국아동에 캬라멜

높으면 무조건 좋다는 방식은 아니었으나 지금처럼 물자가 풍부한 시절이 아니라서 설탕은 단맛의 장점뿐 아니라 비타민에 버금가는 지위를 누렸던 것으로 보인다.

예나 지금이나 사람들은 단맛을 좋아해, 설탕이나 합성 감미료가 첨가되는 음식과 건강식품 등이 많다. 19세기에 개발된 사카린이 있었기에 당시에도 합성 감미료가 사용됐다. 지금도 가끔 뉴스에 나오는 1960년대 사카린 밀수 사건을 기억하는 사람도 있을 것이다. 일제강점기에 사카린이 사용됐으나 강한 법적 제지를 받는 불법 감미료였다. 사카린은 술·빵·빙과류·만두 등에 다양하게 사용됐는데, 발각되면 강한 처벌을 받았다.

서울 장곡천정長谷川町 등원藤原이란 사람하고 안씨安氏란 이하고 우리가 만히 알든 '라-시야' 빵을 제조해 팔게 되엿다. 그것

酷暑에 덤비는 大邱 어름장사 사카린 使用이 判明

[대구] 폭염지옥의 대구에선 [아이스케키]에 대한 대구서에서는 수일전부터 위생과에 부탁하야 거리 어름장사는 갑종음식하 야 그들어집에 대하는바 그중에 이·어름장사들이 일전에파 함께 써서먹어 파위를 일리치못하는 당...

⟨동아일보⟩ 1934.7.8. 사카린

도 그 당시는 갑이 싸서 엇더한 사람 치고 안 먹어 본 사람은 업슬 것이다. 그러나 그것은 싼 것이 안이엿다. '지나支那(중국)'빵에 늣는 소-다보다 더 약 10분의 2가량은 더 느은 것이고 홋떡은 설탕이나 만히 느어 단맛이나 잇는데 그것은 설탕을 늣는 것이 안이라 비일사탕이란 것은 重양으로 말하면 약 一分쯤 뿌리는 것이다. 사실은 홋떡보다 더 원가는 저근 물건이요 보기에 크게만 보엿지 滋養分엔 홋떡보다 소다를 더 뿌려서 사람에게 害物이다. 이런 것은 나중에서야 비로소 싸지 안타는 것을 알고 사지를 안어 그여이 그 영업은 하지 못하고 그만 그 者도 害를 보게 된 것이다.
- 『별건곤』, 1928년 '너나업시 날마다 속는 비밀秘密, 누구든지 알어 둘 秘密, 각방면各方面의 비밀내막秘密內幕' 중

위의 글은 1920년대 유행하던 러시아빵이 사라진 배경을 설명하고 있는데, 내용 중 '비일사탕'이란 단어는 아마도 사카린을 지칭하는 것으로 보인다. 설당이 들어간 단밋의 중국 호띡과 비교하면 원가가 낮고 소다로 많이 부풀린 러시아빵은 영양분이 적고 사카린이 첨가된 유해 식품이라는 설명이다.

일본 히로히토 천황 생일을 기념하는 천장절天長節(중국식 명칭) 행사가 열릴 때 전국 초등학교 학생에게 밀가루와 설탕을 주원료로 만든 '과자빵菓子パン(크림빵)' 두 개씩을 나눠준다는 기사가 있다.(〈경성일보〉 1944.1.22. 〈경성일보〉는 일본어 신문임.) 지금이라면 설탕이 들어간

빵을 학생에게 제공하겠다는 기사가 나올 수 없겠지만 당시는 매우 고맙게 생각될 일이었다. '사탕이 폐병을 치료한다'라는 신문 기사가 나왔던 시기도 있었으니 귀한 식료품에 속했다는 사실에 입각해 과거의 생활

〈신한민보〉 1918.5.23. 사탕이 폐병을 치료

문화를 이해해야 한다.(〈신한민보〉 1918.5.23. '설탕이 폐병 치료')

설탕은 일제강점기 필수 소비재로 세금에 따라 가격이 변동될 정도의 국가 관리 품목이었다. 쌀 부족을 해결하고 대체식량 체계를 위한 지속적인 설탕 공급 확대는 시골 농가에서도 빵을 익숙하게 만들었고, 그렇게 오랫동안 우리에게 익숙해진 빵은 단맛 위주의 카스텔라·단팥빵 등의 계열로 정착되는 배경이다. 이스트는 1940년대에 들어서서 보급된 것으로 보인다.(〈매일신보〉 1944.6.25. 이스트균, 소화작용과 영양비교)

4) 식품위생과 노점상

신문물이 들어오면서 서양의학의 위생 개념 또한 중요하게 다뤄졌는데 지금과는 용어에 약간 차이가 있다. 당시 '위생사상衛生思想'이라는 용어가 널리 쓰였으며, 의학을 넘어서는 인문학적 영역을 포함한 느낌이 있는 개념이다. 아마도 과학이 발달하지 못해 미신과 무속에 의존해 질병을 치료하거나 상하수도 시설도 열악해 전염병에 매우 취약한 사회에서는 세균학 발달에 기초한 위생의 개념 설명과 개인위생 생활화가 쉽지 않았을 것이다. 1920년 『개벽』 '각지各地 청년단체靑年團體에 대對한 현대명사現代名士의 요구要求'라는 글에 위생사상 확산 요구가 있다.

> 위생사상衛生思想을 고취鼓吹하기를 노력努力할 것이니 이는 직접直接 민족운명民族運命에 관계關係잇슴으로써니라. 연즉然則

각各 단체團體에는 위생부衛生部를 설설設設하고 위생사상衛生思想의 보급普及 위생상태衛生狀態의 향상向上을 주안主眼으로 하야 노력努力하기를 간절懇切히 바라는 바요.

위생은 민족 운명과 관계가 있다'라는 말로 압축해 홍제의원장洪濟醫院長 유홍종劉洪鍾이 각지의 청년단체에 부탁한 내용의 일부다. 유홍종이 서양의학을 배운 의료인이라 당시 사회상에 비추어 위생은 매우 절박한 문제로 보았을 것이다. 박경리의 『토지』에서도 최참판댁 배경 마을인 평사리에 콜레라가 퍼졌을 때 조준구는 물을 끓여 먹는 예방법 등을 알려주지 않고 문을 걸어 닫고 자기 가족만 살아남아 결국 최참판댁 재산을 가로챘다. 토지의 시대적 배경인 19세기 말 산자락 깊은 시골 마을 사람들에게 세균학 개념이 있었겠는가! 세계적으로 1920년대 과학은 세균성 전염병 개념이 확립됐으나 문맹률 높던 조선에서는 감각적이며 설득력 있는 시각적인 방법으로 생활 위생 캠페인을 벌였다. (사진 잡지 2장 1926년 동광2호, 사람잡아먹는 파리)

파리는 더럽은 대서 나서 더럽은 것을 먹으며 그 더럽은 대서 살기를 좋아하며 또 몸과 발이 더럽은 물건을 진이고 다니기에 적합하다

그 파리가 다시 과실이나 채소나 다른 음식에 앉으면 그 더럽은 것이 그 음식에 옮아갈 것이다.

〈동광 제2호〉 파리는 우리의 원수

1926년 동광 제2호, '건강란, 사람잡아먹는 파리'

참고로 1920년 7월 '호남 강경 상수도부설 계획', 1921년 3월 '청주 상수도공사 본년도부터 기공'이라는 〈동아일보〉 기사로 미루어 지방의 주요 도시 상수도도 1920년대 들어서야 건설되고 있음이 확인된다. 『토지』 평사리의 시간적 배경 시점은 1897년 농촌이니 우물이나 개울물을 마시던 시기였고 세균과 위생 관념이 보편화되는 과정은 더뎠고 시간이 한참 걸렸다. 1936년 〈동아일보〉는 여름철 수인성전염병 원인과 예방을 위한 기사를 냈는데 일상생활 속에서 구체적인 예를 들었다.

〈동아일보〉 1936.08.04. 아이스케익 여름철 세균

① 색조은 아이스케익 때문에 아이들이 동전 한 푼을 얻어 어름가게로 달려간다.

② 신용 있는 상점에서도 왕왕 잘못해서 중독사건을 일으키는데, 아이들의 환심만 사려는 상인들은 중독사건을 걱정하지 않는다.

③ 어름제품은 차니까 원료가 변하고 향료가 상했어도 얼른 입에 넣는 것으로 알 수가 없다.

④ 아이스크림은 몹시 차니까 세균이 들어가지 못하고, 들어간대도 얼어 죽을 줄 알지만 그렇지 않다.

⑤ 갑이빗싸면 안심할 수 잇느냐면 그런 것이 아니오. 좋은 재료를 쓴대도 맨들 때 불결하게 취급하면 세균이 모혀드는 것이오.

기사 내용을 보면, 인체 유해 색소에 대한 경고를 포함해 현시대의 식품위생 문제와 별반 차이 없이 잘못된 상식과 다양한 원인을 설명하고 있음을 확인할 수 있다. 그러나 앞서 설명했듯이 문맹률이 높은 시대였고, 신문이나 잡지를 통해 다양한 지식과 생활상식을 얻을 수 있는 층은 20% 언저리에 있는 것이 문제였다. 따라서 그저 먹고살기 위해 눈으로 보고 배운 바대로 빙과류를 만들어 팔던 시절이라 상수도 시설이 취약한 상황에서 여름철 식중독 사건은 해마다 끊이지 않았고 커다란 골칫거리였다.

빵집에서도 식중독 사건이 일어났는데, 색다른 점은 평북도청 경찰부장을 포함한 고등관 등이 피해자였다. 도청 안에 입점한 빵집에서 슈크림을 사 먹었던 고위 관료들이 저녁에 복통을 일으키고 설사를 했다는 내용이다. 또한 슈크림을 먹은 3세 여아가 사망해 도청 위생과에서 해당 빵집 슈크림을 조사 중이라는 내용이다.

슈크림 식중독 사건은 1935년뿐 아니라 이후 경성에서도 다수의 피해자를 발생하게 했다.

현대 식품위생에서는 색소나 향료 등의 첨가제가 기준치를 초과했거나 발암물질로 분류되는 성분이 들어가 문제가 된다면, 당시에는 검은색을 만들기 위해 너무 황당하게도 석탄 가루를 사용해 사회문제가 됐을 정도로 시대적 차이가 있다.

1925년 11월 6일 〈매일신보〉 '불량과자상' 제목의 기사를 보면, 경성에서 1위를 달리는 과자점 '영전정'은 늘 썩은 과자와 유독한 과자를

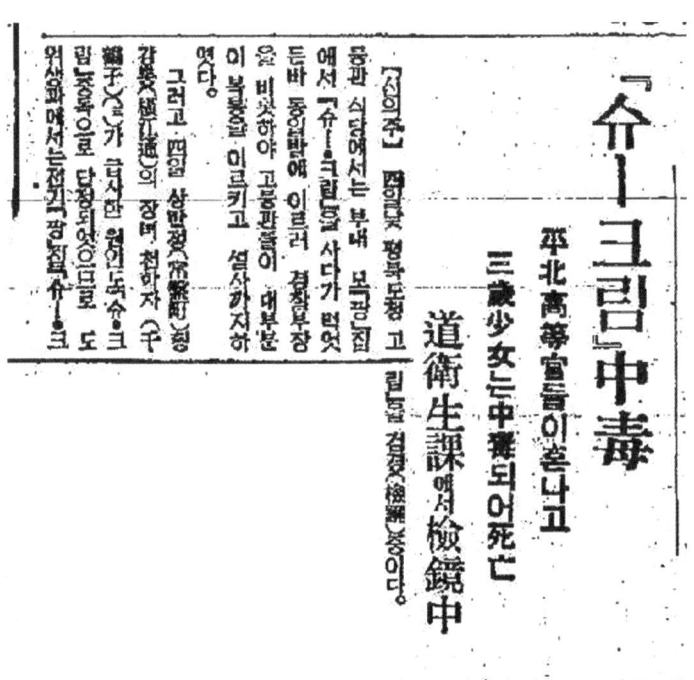

〈동아일보〉 1935.6.7. 슈크림중독

판매해서 여러 번 주의를 주고 계도를 했지만, 또 썩은 과자를 판매해 일본인 점주를 불러 계도 후 과태료 처분을 했다.

당시 노점상의 형태는 다양했다. 5일마다 열리는 시골 전통시장은 거리에 광주리를 늘어놓고 판매하거나 수레를 이용하는 등, 매우 다채로웠다. 새벽부터 배가 들어오고 나가며 부지런히 움직이는 강가 포구나 바다의 항구에도 노점상은 활발했다. 도시는 기차역 주변과 번화한 상권 네거리 주변에서 노점과 더불어 상행위가 활발했다.

조선 시대 한양에서 난전 상인 단속이 있었듯이 일제강점기에도 규제가 있었고, 길가에 상품을 진열해 먹고살려는 민초들과 통제권력은 늘 충돌했다.

노점상 중 대표적으로 허가된 업종이 '요나끼우동' 판매다. 요나끼우동은 기차역 주변이나 번화가 등 도시에 존재한 일본풍 음식이다. 일본 풍습을 식민지에 이식하려 애쓰던 조선총독부는 뒤늦게 호떡 판매도 허가했다. 호떡은 매우 일찍부터 인기가 많던 서민 음식이나 일본이 정치적 의미를 부여해 부정적 이미지를 덧씌운 대표적 음식이기도 하다.

1940년 〈매일신보〉 기사는 비위생적이고 더러운 음식으로 천대받던 거리의 호떡이 쌀 대용식 장려로 총독부 규제가 관대해져 세월을 만났다는 내용을 담고 있다.

요나끼우동 판매는 위생 점검과 규정된 허가 품목 외에 김밥이나 떡국 등의 판매로 부당 이득을 올린다는 이유로 벌금 부과가 많았다. 전쟁 막바지에는 식량을 포함해 물자가 통제됐고 세금 징수가 가혹해 많은 노점상이 쫓겨나게 된다. 수레를 이용해 거리를 돌며 찐만두를 팔기도 했고, 1920년대 글을 보면 겨울에 화로를 수레에 실어서 술을 데워 파는 풍경도 나온다.

> 구루마에 끌고 단이는 '왜국수' 장사가 생긴 것은 오래 된 옛니약이요 약식장사가 두부장사처럼 외치고 단이는 것도 발서 현 이약

〈조선시보〉 1925.8.14. 노점상 교통방해

이가 되엿지만 이번 세밋(歲末)에는 "뜩근딱근 하구료" "맛보고 사 잡수시오" 하고 밤 깁흔 골목을 요란히 외치고 단이는 감주(甘酒)장사도 생겻다.

녀름날 밤에 아이스크림 팔러 다니듯 치운 밤에 더운 막걸리를 팔러 다니는 것이 류행 (…) 조고만 짐구루마에 화덕을 놋코 두어가지의 안주를 싯고 열시 열한시의 북촌(北村)일대를 천천히 돌아가면 이 골목 저 골목 사랑방에서…

거리의 "호떡" 장사
代用食獎勵로歲月맛나!

한때는 더럽고 비위생적이라고 천대해오든 거리의 소위 "호떡 장사!" 그러나 시대는 변하야 그들도 보조를맛추어

활개짓을할때가 되엿스니 쌀이귀한때인지라 「대용식」을하자는 부르지즘에 이에당하야서도 위생상 거리의 『호떡』장사를 세월이조와 진것이다 그리하야 금년들어 시내각경찰서에서 조사한 거리의 『호떡』장사의 수를보면 두달동안에 六十여명이 나섯다고한다 이들중에 좀더 깨끗한 음식을 만들도록적극적으로 지도하야 세민암흑으로는 이를장려하야 세민층을 상대로하는 「대용식」으로써 장려를방침을세우고 거리에서는되는대로 장사하는 이들을, 손쉬이 일시하리라고한다. (사진은 길거리의호떡장사)

〈매일신보〉 1940.3.14. 거리의 호떡장사

〈별건곤〉 1928.2.1. 거리풍경

— 『별건곤』 제11호(1928년 2월 1일), '諷刺諧謔, 新流行豫想記'

위의 글에서 거리를 돌며 파는 행상의 모습은 계절에 따라 품목이 변했으며 종류는 매우 다양했음을 알 수 있다. 겨울철 거리의 호떡 장사 모습은 현재와 별로 다르지 않다.

다만 사진의 배경 설명을 보면 거리의 호떡 판매는 요나끼우동에 비해 뒤늦게 허가됐음을 알 수 있다.

거리에서 판매된 먹거리는 두 가지 형태로 나뉜다. 하나는 어깨에 메고 다니는 상자에 음식을 넣고 거리에서 외치며 파는 행상, 다른 하나는 장터거리나 행인의 통행량이 많은 곳에서 간단하게 요리하거나 늘어놓고 파는 형태다.

길거리에서 빵이나 호떡을 통에 메고 다니면서 파는 형태는 당시 매우 익숙하고 활발한 판매 방식이었다. 그런데 장터나 부두 등 상행위가 필수적인 장소는 제약이 없었으나 도심에서는 규제가 있었다. 1920년대 경성의 중요한 통로 중 하나인 남대문 아래 길목은 거리 판매가 활발한 곳이었는데 단속 대상이라 제약이 많았다는 기록도 남아있다. 도시 거리에서 음식 판매가 불법으로 규정돼 있지는 않아 전혀 불가능하지는 않았다. 요나키우동·호떡 등은 제한된 수의 등록된 판매상에 의해 인기를 끌었다. 예를 들면 요나키우동 판매상은 우동을 판매하면 괜찮으나 김밥·빈대떡을 팔면 단속 대상이었다.

그러나 이러한 규정은 잘 지켜지지 않았고, 벌금을 물거나 허가가 취

〈동아일보〉 1932.7.18. 마산서 노점상인 단속

소되는 경우도 나타났다. 특히 1944년 2차 세계대전 중에는 물자가 부족해서 장사가 원활하지 못해 허가가 취소된 사례도 있다. 경성 요나키 우동 판매의 경우 일본인 15명, 조선인 17명이 판매 허가를 받아 장사 중이었는데 물자 부족을 이유로 10명으로 축소됐다.

海州露店商人 邑當局에 陳情

十五年이나되는 生活根地를 一朝에 撤去하려는 것

[海州] 海州邑經營인 南本町公設市場에는 從來所設店舖外에 市場西側空地에 露店을 經營하든 小資本商人들은 그後邑當局의 許可를 得하야 露店地帶에다 小規模의 店舖를 建築하고 爾來三年間 商業을 經營하여오는바 最近海州邑當局에서는 突然그들의 店舖는 露店의 性質이 아니라는 條件으로 撤去를 命令하여그들 의 小商人들은 大狼狽로 生活의 根據를 이 現在十五個所나 나 되는데 그들은 屢次關係當局 에 陳情을 하엿스나 當局의 態度가 强硬하야 卽 店舖文은 撤去되여야 한다는 것이다. 萬一 그의 店舖가 撤去된다면 그들은本來가 小資本商人인關係로 市街地에 店舖를 가지지 못하 게 되는데

〈매일신보〉 1934.6.5. 해주노점상 단속

〈매일신보〉 1944.8.4. 요나끼우동

참고문헌

- 『개화기 한국 커피역사 이야기』 김시현·윤여태, 2021, 피아리스
- 『경성 백화점 상품 박물지』 최지혜, 2023, 혜화1117
- 『그들의 문학과 생애 이용악』 김재홍, 2008, ㈜한길사
- 『김기림 전집1 시詩』 김기림, 1988, 심설당
- 『나혜석 전집』 나혜석기념사업회, 2013, 푸른사상
- 『대경성사진첩大京城寫眞帖』 1937, 국립중앙도서관
- 『소설가 구보씨의 일일』 박태원, 1989, 주)문학과지성사
- 『식민지의 식탁』 박현수, 2022, 이숲
- 『신찬 인천사정仁川事情』 오가와 유조, 김석희 번역, 2007, 인천학연구원
- 『아침식사의 문화사 BREAKFAST』 헤드 안터 앤더슨, 이상원 번역, 2016, 니케북스
- 『일본어 잡지로 본 조선영화 4』 2013, 한국영상자료원
- 『빵으로 읽는 세계사』 이영숙, 2021, (주)스몰빅미디어
- 『빵의 역사』 하인리히 E. 야콥, 곽명단·임지원 번역, 2002, 우물이 있는 집
- 『빵의 지구사』 윌리엄 루벨, 이인선 번역, 2015, (주)휴머니스트 출판그룹
- 『한국과 그 이웃 나라들』 이사벨라 버드 비숍, 이인화 번역, 1994, 살림

  국립중앙도서관 대한민국 신문 아카이브

  한국 근대 사료 DB

궁금했던
한반도
빵 이야기

초판2쇄 인쇄	2025년 10월 15일
지은이	이창호
디자인	박진만
펴낸곳	인천투데이 출판부
발행일	2025년 6월 10일
주 소	인천광역시 남동구 예술로 138 이토타워 5층
전 화	032-508-4346
편집·인쇄	디자인센터산 032-424-0773

ⓒ 2025 이창호

※이 책의 저작권은 지은이와 인천투데이에 있으며 무단 전재와 복제를 금합니다.
※이 책에 수록된 사진이나 일러스트 자료는 사용 허가를 얻은 것으로 SNS, 매체수록 등 무단 전재와 복제를 금합니다.
※책값은 뒤표지에 있습니다.

ISBN 979-11-989271-2-5